Aufs Ganze

Konzeptionelles Gestalten
im Zeitalter der Unaufmerksamkeit

Mach' keine

Geh' aufs

Christian Fries · Rainer Witt

Aufs Ganze

Konzeptionelles Gestalten im Zeitalter der Unaufmerksamkeit

Verlag Hermann Schmidt Mainz

Start!

Stellen Sie sich vor …
Ihr Computerbildschirm bleibt schwarz. Fehler -110!
Die Zeitung hat nur noch weiße Seiten, und aus dem iPod
kommt Rauschen.
Ihr Handy bekommt kein Netz, Mail-Posteingang: nichts!
Der Albtraum! Unvorstellbar. Oder?
Wir leben in der Zeit der allgegenwärtigen und permanent eingeschalteten Apparate und Medien, sie umgeben uns, hüllen uns ein in Farbe, Sound und Botschaften von Produkten, Unternehmen, Events und Menschen. Tag und Nacht.

Ein globales Spektakel, eine große Inszenierung, vor allem aber eine Herausforderung für diejenigen, die Medien gestalten:
Grafiker, Texter und Berater in Agenturen, Designbüros, Verlagen, Medienunternehmen, Sendeanstalten.
Wie die Botschaften für Produkte und Unternehmen gestalten, damit sie durchkommen durch den »Kommunikationsnebel«, damit sie »rüberkommen« zur Zielgruppe?
Um hier kompetente Antworten und Lösungen zu finden, braucht es den Überblick: den Blick aufs Ganze. Allround-Qualitäten also. Nur Gestalter oder nur Texter zu sein – das reicht heute nicht mehr aus. Wer die aktuellen Jobangebote etwa der Agenturszene liest, wird genau diese Erfahrung machen: Allroundtalente sind gefragt.
Der Alleskönner: Das ist eine Mischung aus Allmachtsfantasie und wirtschaftlicher Notwendigkeit. Auch in der in der Medienbranche müssen immer weniger Menschen immer mehr leisten.
Aber wie wird man Allrounder? Wie lernt man am besten, über den eigenen Tellerrand hinauszublicken? Wir sagen:
Durch konzeptionelles Arbeiten.

Sensibilisieren für die verschiedenen Aspekte medialer Gestaltung und anleiten zum Arbeiten mit Konzept – das will unser Buch.

Wir wollen den Blick schärfen für das Ganze der Mediengestaltung. Unser Ansatz: Konzeptionell arbeiten und denken, multisensorisch und ganzheitlich gestalten – das eröffnet Wege, um durch den Kommunikationsnebel durchzukommen, um Aufmerksamkeit zu gewinnen.

Ein gutes Konzept ist durchgängig, medienübergreifend, spricht möglichst viele Sinne an und folgt dem Gesetz der Serie. Es ist ein Erfolgsmuster, das eine einheitliche Botschaft sendet. So werden zum Beispiel starke Marken gebaut, die Leuchttürme im Kommunikationsnebel.

Als Praktiker haben wir Erfahrungen aufgeschrieben und Werkzeuge entwickelt – bedienen Sie sich. In zehn Kapiteln öffnen wir den Blick auf konzeptionelle Mediengestaltung. Jedes Kapitel besteht aus drei Teilen: Zuerst der »Fokus«, er beleuchtet die wichtigsten Zusammenhänge. Dann folgt die »Galerie«, sie setzt das Kapitelthema ins Bild. Die ausgewählten Bilder sind aber nicht nur Bilder, man sollte sie länger betrachten und »lesen«. »Gut zu wissen« schließlich gibt tiefergehende Informationen und weiterführende Literaturhinweise.

Mediengestaltung. Das Thema ist ozeanisch: Wir wollen darin nicht ertrinken und uns verlieren, sondern uns bewegen lernen – wie der Fisch im Wasser.

Let's swim together.

Freiburg, Frühjahr 2007

Christian Fries   Rainer Witt

Alle Achtung

Aufmerksamkeit – die Währung unserer Zeit

Alle Achtung!

Die Welt erscheint uns als eine riesige Ansammlung von medialen Impulsen aus Lautsprechern und auf Bildschirmen, aus Zeitungen und Zeitschriften, aus Konsolen und Kanälen. Eine Welt bunter Apparate – von Atari bis Apple, von iPod bis Playstation – und dazu passender (oft grauer) Medientheorie.

Die Mitwirkenden sind: Talkshowmaster, Moderatoren, User, Internet-Junkys, Tycoone, Mediengestalter sowie ganz normale Abonnenten und Fernbedienungsbenutzer. Allesamt Darsteller – und viele wollen in diesem Spiel die Hauptdarsteller sein. Wenigstens jetzt und für die nächsten zehn Minuten … oder am besten für länger. Für immer. Parallel und simultan auf allen Kanälen. Alle wollen nur das eine: Aufmerksamkeit!

Und weil in unserer Mediengesellschaft Aufmerksamkeit über Medien entsteht und erzeugt wird, wird Mediengestaltung zur absoluten Herausforderung:

Angie meets Bono
im Februar 2006 bei der Verleihung des Medienpreises in Baden Baden. Politik lernt Pop. Pop lehrt Politik: die ersten Schritte der frischgebackenen Kanzerin Merkel auf der Bühne der Aufmerksamkeit.

- Wie auffallen?
- Wie sich unterscheiden?
- Wie sich Gehör verschaffen?
- Wie ins Auge fallen?
- Wie durchkommen und ankommen in der Medienflut?

Es gibt täglich neue, atemberaubende Zahlen, die das Anschwellen der Medienflut quantifizieren: »Während Sie diese Zeilen lesen, versuchen 408 Tageszeitungen, 5343 Zeitschriften, 2.000.000 Websites, 55 TV-Sender, 1279 Wochenzeitungen die Aufmerksamkeit der Deutschen auf sich zu ziehen.« *

* Sebastian Turner 2000
Grundlagen der Mediengestaltung,
Hanser 2004, S. 5

Tausende von Spots, Anzeigen, Filmen, Videos, Homepages und Bannern buhlen um unsere Aufmerksamkeit. Wer wird dabei das Rennen machen?

Gleichzeitig und gleichberechtigt

Derjenige, der mit Konzept arbeitet, wird die besten Erfolgschancen haben. Denn ein Konzept schafft ein durchgängiges und wieder erkennbares Erfolgsmuster – visuell, sprachlich und medienübergreifend –, und das ist die Basis für mehr Aufmerksamkeit und bessere Wahrnehmung.

Beispiele für Konzepte und ihre Erfolgsmuster sind Marken wie Milka (»lila Kuh«), T-Com (»Magenta«) oder Bild (»Schlagzeilen«). Hier werden wieder erkennbare Bildwelten, Fotoauffassungen, Farbräume und Textstile in der Kommunikation eingesetzt. So erkennt ein Betrachter zum Beispiel allein anhand der eingesetzten Typografie auch ohne Logo eine Anzeige von Mercedes. Um ein gutes Konzept zu erstellen, muss man viele verschiedene Perspektiven und Rollen einnehmen können (sozusagen durch viele Brillen schauen): Gestalter, Texter, Kunde, Konsument – und das gleichzeitig und gleichberechtigt. Design wird so wichtig wie Botschaft und Text, Medienauswahl wird so wichtig wie Timing und Budget. Eine gute Gestaltung allein jedenfalls reicht nicht mehr aus, um wirklich wahrgenommen zu werden – wer als Allrounder mit Konzept ans Werk geht, der wird punkten.

In den folgenden Kapiteln geben wir Anregungen für konzeptionelles Arbeiten. Für Konzepte aus einem Guss – für alle Medien, durchgängig und nachhaltig.

Das Ziel ist, Erfolgsmuster zu entwickeln, die, kontinuierlich und schlüssig eingesetzt, die gewünschte Aufmerksamkeit gewinnen.

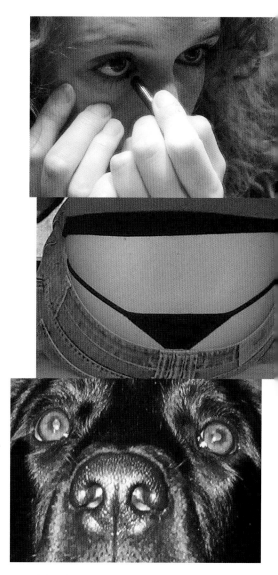

Aufmerksamkeit hat viele Gesichter.

Medienkanzler/in, Medienpäpste. Medienwelt

Wer Aufmerksamkeit will, muss in die Medien. Deshalb wird aus dem Bundeskanzler ein Medienkanzler, und deshalb wurde aus Papst Johannes Paul II. der erste Medienpapst – das Leben spielt sich in den Medien ab. Wer es beherrscht, sich in den Medien zu präsentieren und mit den Medien umzugehen, dem wird Aufmerksamkeit und damit Erfolg zuteil. Kurzfristig auf jeden Fall.

Nie waren die Vielfalt, die Auswahl und die Verfügbarkeit von medialer Information so groß. Freier Zugang zu Informationen, grenzenlose Übermittlung und globale Kommunikation: ein Privileg? Eine Riesenarbeit? Ein Fluch? Die Mediengesellschaft erarbeitet und verarbeitet massenhaft Information, verteilt sie, übermittelt sie und beschäftigt Tausende von Menschen. Neue Berufe entstehen, neue Experten – Mediengestalter, Medienberater, Mediaplaner, Meinungsmacher, PR-Berater – ergreifen das Wort und prägen Bilder.

Klartext Aufmerksamkeit

»Danke für Ihre Aufmerksamkeit«, so beendet ein Nachrichtensprecher gerne seine Sendung. Und trifft damit ins Schwarze: Was er will, ist Aufmerksamkeit. Wir alle wollen Aufmerksamkeit, und zwar am allerliebsten geschenkt. Ungeheuerlich, in Zeiten des Turbokapitalismus auch noch etwas geschenkt haben zu wollen! Tatsache ist: Nichts ist teurer und wertvoller als Aufmerksamkeit.

Und der Mensch kann nicht genug davon bekommen … Schon als Baby buhlt er um Aufmerksamkeit – und schreit. Als Kind zappelt und zupft er herum, und im Jugendlichenalter wird mächtig stolziert und imponiert. Und die Erwachsenen machen sowieso auf wichtig – alle wollen Aufmerksamkeit und entwickeln Strategien, um möglichst viel davon zu bekommen.

Georg Franck, Wirtschaftsprofessor aus Wien, entwickelte eine ganze Ökonomie der Aufmerksamkeit. Seine zentrale These: Neben der uns längst vertrauten Ökonomie des Geldes existiert parallel eine weit verzweigte Ökonomie der Aufmerksamkeit. Sie wird, so Franck, die eigentliche Währung unseres Jahrhunderts werden, denn Aufmerksamkeit als Wert lässt sich problemlos in jede Geldwährung der Welt ummünzen.

Stars leben davon, Unternehmen auch. Franck: »Das Massengeschäft mit der Information, die auf den Endkunden losgelassen wird, besteht in der bezahlten Herstellung von Attraktoren für die Lenkung und Umlenkung massenhafter Aufmerksamkeit.«

Eine ganze Industrie ist entstanden, die mit ausgeklügelten Arbeitstechniken versucht, Aufmerksamkeit zu lenken: die Werbe- und Medienindustrie.

Eine Zahl am Rande:
2006 wird die deutsche Wirtschaft voraussichtlich insgesamt rund 33 Milliarden Euro für Werbung, also für die direkte Lenkung von Aufmerksamkeit auf Produkte, Marken und Institutionen, ausgeben (Quelle: ZAW). Einer der größten Werbegeldspender ist die Medienindustrie. Und so schließt sich ein wahrer Aufmerksamkeitskreislauf: Die Medien sind die Bühne für Aufmerksamkeit, und sie bringen sich als größter Werbeetatspender wiederum selbst in die Öffentlichkeit – und preisen ihre Eigenschaften an.

X-mal ich: Die Individualitätsgesellschaft

Gepusht wird der Kampf um die Aufmerksamkeit durch die Tatsache, dass unsere Gesellschaft durch extreme Individualisierung und Fragmentierung charakterisiert ist: Millionen »Ichs« suchen Individualität und setzen sich in Szene. Alles und jede(r) muss sich unterscheiden, will nicht »me too« sein, sondern einzigartig. Deshalb möchte jeder am liebsten seinen eigenen Handy-Klingelton, jeder seine individuelle Autolackierung, jeder seine eigenen, unverwechselbaren Jeans. Das ist anstrengend. Lifestyle-Magazine beziehen hieraus ihre Existenzberechtigung: Sie kommunizieren Strategien und Konzepte für den individuellen Lebensstil – natürlich in Millionenauflage.

17

Lesetipps:
Werner Faulstich,
Einführung in die Medienwissenschaft
(Paderborn, 2004)

werben & verkaufen 10/2004
Die Thesen von Peter Wippermann
»Nichts ist, was nicht in den Medien ist.«

webtipp:
www.trendbüro.de

The Blair Witch Project
Ein Paradebeispiel für die These, dass
Medien Wirklichkeit und Wahrheit schaf-
fen, ist der Videofilm »The Blair Witch
Project« (USA, 1999). Gedreht als Low-
Budget-Film, verbreitete sich über spezielle
Websites die Botschaft dieses Films in
Windeseile global. Die »verwackelte«
Ästhetik der mit Handkamera gedrehten,
bewusst amateurhaft gemachten Szenen
erzeugte die absolute Authentizität. So wur-
de die Story: Studenten machen sich auf
die Suche nach drei verschwundenen
Kommilitonen, die angeblich von einer
Hexe getötet wurden, extrem glaubhaft und
»wahr«. Als das Video als gut gemachter
Fake »enttarnt« wurde, avancierte der Film
zum Kassenschlager. Seine Realität war
stärker als die gefakte Story: Wahr ist, was
in den Medien ist.

Wir sind massenhaft individuell

Märkte und Medien diversifizieren, ja atomisieren sich. Special-
Interest-Formate, etwa im Printbereich, boomen. Neue »Ge-
schmacksrichtungen« für immer feiner selektierte Zielgruppen
entstehen in immer schnelleren Zyklen.
Ein Beispiel: die Frauenzeitschriften. Mittlerweile existieren für
jede Altersgruppe und jede Bedürfnislage spezielle Blätter: für
Mädchen, Girls, Twens, die Frau ab 30, die reife Frau ab 40 und die
Frau ab 60. Speziell abgestimmte Produktwelten – von Kosmetik
über Ernährung bis hin zu Einrichtungsgegenständen – lassen
einen ganzen, maßgeschneiderten Produkte- und Wertekosmos
entstehen.

Nach diesem Exkurs in die Mediengesellschaft lässt sich ein erstes
Fazit formulieren – in Form eines Leitsatzes in Anlehnung an den
berühmten Leitsatz der Aufklärung: »Ich denke, also bin ich«:

Ich bin in den Medien, also bin ich.

Das erklärt das Verhalten vieler Berufsgruppen und Menschen in
unserer Gesellschaft. So wird klar, weshalb sich Politiker jeder
Coleur so gerne vors Mikrofon und ins Bild drängen: »Wenn über
mich berichtet wird, dann bin ich.«
So hat der Anteil von Politikern, die in verschiedensten Talkshows
das Wort ergreifen, enorme Ausmaße angenommen: Hier geht es.
So geschieht es, dass die wichtigen politischen Debatten und
Diskussionen bei Sabine Christiansen am Sonntagabend in der
ARD und nicht im Bundestag geführt werden. Und man darf

gleichfalls vermuten, dass zwar im Kanzleramt regiert wird, die Themen aber in »Berlin Mitte« vorbesprochen werden. Folgerichtig lesen wir im »Handbuch der Medienwissenschaft«: »Selbstinszenierung in den Medien ist zum Hauptziel vieler Politiker geworden.«

Hieraus folgt streng logisch der zweite Leitsatz:

Wahr ist, was in den Medien ist.

Die Brüchigkeit, ja Unwahrheit dieses Satzes ist evident, wir wissen als Menschen mit Medienerfahrung, dass die Gefahr der Manipulation mit und durch Medien extrem groß ist. Insbesondere, was die Macht der Bilder betrifft. So war etwa der erste Golfkrieg 1991 eine mediale Inszenierung – Krieg wurde als präzises Videogame präsentiert, klinisch rein und ohne sichtbares Blutvergießen, ohne Opfer. Der Terroranschlag vom 11. September 2001 war auch eine kaltblütige mediale Inszenierung: Die Attacke auf den zweiten Turm des World Trade Centers geschah um circa 15 Minuten zeitversetzt. Das ist genau die Zeit, die man kalkulieren musste, um zu wissen: Jetzt sind die Kamerateams vor Ort und sendebereit. Weltweit brannten sich die Bilder der rauchenden Türme fest ins Gedächtnis ein. Noch einmal Professor Franck:

»Es gibt nichts Wirklicheres als Bilder, die nicht mehr aus dem Sinn gehen.«

Bilder, die nicht aus dem Sinn gehen
Das sind zum Beispiel die Bilder der Folteropfer in irakischen Gefängnissen. Mit Digitalkameras von US-Soldaten geschossen, eroberten sie binnen weniger Tage im Frühjahr 2004 die Medienlandschaft weltweit. Heute sind sie Ikonen der Moderne. Viele Künstler haben die Motive verarbeitet, häufig werden die Bilder interpretiert und zitiert.

Lesetipp:
Bilder des Grauens
Künstler verarbeiten den Horror
von Abu Ghraib
(SZ-Magazin, No. 35, 2.9.2005)

Früher war der Vatikan ein Ort des Geheimnisses und der Verschwiegenheit – heute ist das anders.
Spirituelle Führer wie der Papst, aber auch der Dalai Lama sind globale Medienstars und erzeugen weltweit Aufmerksamkeit.

»Bücher verändern die Menschen, Medien produzieren nur Stereotype.« (Amos Oz) (Badische Zeitung, 10.11.2004)

Aufmerksamkeit – für alle

Unsere Mediengesellschaft ist demokratisch organisiert, das heißt: Nicht mehr nur die führenden Köpfe, Promis und Machtmenschen mischen im medialen Existenznachweisspiel mit, sondern prinzipiell alle Mitglieder der Mediengesellschaft.

Das berühmte Bonmot des Pop-Art-Künstlers Andy Warhol, dass jeder Mensch für zehn Minuten weltberühmt sein kann, zielt genau darauf ab. Und »demokratische« Medienspektakel wie die Reality-Soap »Big-Brother« oder »Deutschland sucht den Superstar« machen das deutlich. Was für Vordenker wie Orwell oder Huxley noch als die absolut negative Utopie galt, nämlich die Rundumüberwachung mit Kameras und allgegenwärtige Medienpräsenz, ist momentan das angestrebte Ziel: Gezeigt werden, mit der Kamera beobachtet werden – Medien-Exhibitionismus wird zu einer kollektiven Droge.

Es ist daher nur konsequent, dass zum Beispiel »Big Brother« in seiner Endphase nicht mehr nur in einer Container-Wohnung spielte, sondern ein komplettes Dorf als Kulisse diente. »Leben und Realität spielen« heiße das Programm, und zwar in Vollüberwachung. 24 Stunden Aufmerksamkeit rundum.

»Künstler« wie die Gewinner von »Deutschland sucht den Superstar« oder Internet-Entdeckungen wie die »Grup Tekkan« sind ebenfalls Produkte der medialen Aufmerksamkeitsspirale. Entweder künstlich entwickelt mit Hilfe großer Medienkonzerne (RTL, BMG und Bild) wie im Falle von DSDS oder herausgefischt aus dem Internet von der gelangweilten »Bored at work«-Internetgemeinde: Millionen Internetarbeiter fördern tagtäglich Merkwürdiges und Abartiges aus dem Netz und verbreiten es millionenfach innerhalb ihrer Communitys rund um den Globus. So entstehen aus Langeweile und Zeitvertreib Stars – aufgrund medialer Präsenz und nicht aufgrund kontinuierlicher eigener Entwicklung und Kunstfertigkeit. Die Medien verändern nicht nur unseren Alltag, sondern auch unseren Kunstbegriff und die Definition von »Star«.

Die Münzeinheiten der neuen Währung Aufmerksamkeit: Quoten, Auflagen, Hits

Der Kampf um mediale Aufmerksamkeit – die neue Währung unserer Zeit – hat eine klar definierte Münzeinheit: die Quote beziehungsweise die Auflage. Das ist die Messlatte für Erfolg oder Misserfolg.

- Wird die TV-Sendung geschaut oder weggezappt?
- Was spielt der Kinofilm am ersten Wochenende ein?
- Wird die Zeitung am Kiosk gekauft?
- Wird der Sender im Radio gewählt oder nicht?

Das sind die Fragen, die die Medienwelt im Innersten zusammenhalten. So werden längst in den Verträgen von Showmastern klare Quotenregelungen vereinbart: Das entscheidet über Wohl und Wehe des Sendeformats – unabhängig von der inhaltlichen Qualität des Angebots. Quotenfreie Zonen, echte Medienreservate, finden sich nur noch selten: Sie sind, wenn überhaupt vorhanden, eine Domäne des öffentlich-rechtlichen Systems.

Wächter der Quoten sind Unternehmensgruppen wie media control in Baden-Baden. Hier erhalten Unternehmen tagesaktuelle Daten über ihre Produkte im Unterhaltungsbereich: die Charts für Musik, DVD, Games und Kino. Auf einen Blick erhält man hier »gültige offizielle Daten, um somit die Aufmerksamkeit für neue Produkte zu erhöhen sowie die Entwicklung der Neuveröffentlichungen in Europa aufzuzeigen«.

Was kostet Aufmerksamkeit?
Mediapreisbeispiele

Internet:
Web-Banner bei GMX: 15.000 €/Woche

Kino:
20-Sekunden-Spot in einem Großkino in einer Großstadt: ca. 360 €/Monat

Zeitschrift:
Der Spiegel oder stern, ganze Seite, farbig: ca. 48.000 €
(jeweils ca. 1,1 Mio. Auflage)
ADAC Motorwelt, ganze Seite: ca. 70.000 €
(473.000 Auflage)

Tageszeitungs-Anzeige, ganze Seite:
Bild-Zeitung: 250.000 €
(4 Mio. Auflage)
TAZ: 7.500 €
(62.000 Auflage)
Süddeutsche: 36.000 €
(425.000 Auflage)

Fernsehen:
Mo-Fr, 18.00-21.00 Uhr, 30 Sekunden:
ARD: ca. 17.400 €
RTL: ca. 24.000 €
NTV: ca. 1.800 €

Funk:
SWR 3, bundesweit:
ca. 330 €/Sekunde

Webtipp:
www.media-control.de

Aufmerksamkeit braucht Medien und Kommunikation

Wir kommunizieren – ständig. Egal, was wir tun, es ist immer auch Kommunikation. Selbst wenn wir die Kommunikation verweigern und schweigen oder uns auf eine einsame Insel flüchten: Wir befinden uns dennoch in einem Kommunikationsprozess mit unserer Umwelt.

Denn wir senden Signale und Botschaften, permanent, bewusst oder unbewusst. Deshalb prägte der Linguist Paul Watzlawick das Axiom der sozialpsychologischen Kommunikationsforschung: »Man kann nicht nicht kommunizieren.«

Wir sind immer auf Sendung ... selbst wenn wir nicht wollen. Immer auf Sendung? Aber stimmt das denn überhaupt mit der Sendung, also dem Modell von Sender und Empfänger?

Dass wir von diesem (Über-)Angebot benebelt und benommen sind, wir in einer Bilder- und Nachrichtenflut ertrinken, ist der Grund, weshalb wir den Begriff »Kommunikationsnebel« geprägt haben.

Sind Sie eigentlich ein Radio?

Sender und Empfänger, Feedback, Störelemente: Die Modelle sowie die sprachliche Metaphorik, die klassischerweise für die Beschreibung von Kommunikation verwendet wird, entsprechen nicht mehr den Gegebenheiten der heutigen Mediengesellschaft. Heute stellen sich ganz neue Formen und Möglichkeiten der Kommunikation ein: Wir erleben multimediale und interaktive Kommunikation, die gleichzeitig stattfindet. Als Kontrastprogramm eine kurze Rückblende: Wenn zu Grimms Zeiten jemand

Konzeptionell Gestalten

... heißt Konzipieren, Entwerfen, Texten und Bewerten aus einer Idee heraus.

... heißt Fokussieren, relevante Botschaften entwickeln und bedeutsam sein.

... heißt Reduzieren, die richtigen Schwerpunkte setzen.

... heißt Nachdenken, bevor man den Computer anschaltet.

die Geschichte »Es war einmal …« erzählte, entstand ein Lesestrom, den wir uns als sehr klar und zielgerichtet vorstellen dürfen. Dieser Strom verlief ohne große Störungen, vor allem aber ohne konkurrierende Medienangebote.

Für die aktuelle Kommunikationssituation gilt ein ganz anderes Bild: Zum Erzählstrom eines beliebigen Erzählers addieren sich die akustischen Signale aus dem Radio, dem Telefon oder der gerade eintreffenden E-Mail … und dazu die visuellen Reize vom Fernsehen, das im Zimmer nebenan läuft … Hier trifft das einfache Schema von Sender und Empfänger nicht mehr zu, vielmehr entsteht das Bild eines allgegenwärtigen Kommunikationsflusses aus verschiedenen Medienquellen.

Wir leben und kommunizieren in einer mehrdimensionalen Kommunikationshülle: dem Kommunikationsnebel.

Wir sind eingehüllt in einen Nebel oder eine Glocke, wo uns viele mediale Ströme und Signale gleichzeitig erreichen und »ansprechen«: Wir leben in einem Kommunikationsraum, gefüllt mit verschiedensten Angeboten, die uns gleichzeitig erreichen und ansprechen. Entscheidend wird, welchem Kanal wir gerade mehr oder weniger Aufmerksamkeit schenken – und wie lange wir das tun, bis wir zu einem anderen Angebot switchen oder zappen oder surfen.

Wer bekommt wie viel Aufmerksamkeit
im Fernsehen?
(Quelle: TZ vom Mo., dem 03.04.06)

Freitag, 31. März

1.	Wer wird Millionär? (RTL)	6,84 Mio.
2.	SOKO Leipzig (ZDF)	5,50 Mio.
3.	Siska (ZDF)	5,38 Mio.
4.	König der Herzen (ARD)	5,10 Mio.
5.	Tagesschau (ARD)	5,74 Mio.
6.	heute (ZDF)	4,63 Mio.
7.	Hape trifft (RTL)	4,41 Mio.
8.	Das Quiz mit Jörg Pilawa (ARD)	3,95 Mio.
9.	heute-journal (ZDF)	3,94 Mio.

Samstag, 01. April

1.	Wetten, dass ..? (ZDF)	13,48 Mio.
2.	Tagesschau (ARD)	6,66 Mio.
3.	heute-journal (ZDF)	6,58 Mio.
4.	Sportschau Teil 2 (ARD)	6,19 Mio.
5.	Sportschau Teil 1 (ARD)	5,52 Mio.
6.	James Bond (ARD)	4,47 Mio.
7.	Ziehung der Lottozahlen (ARD)	4,33 Mio.
8.	Unser Charly (ZDF)	4,02 Mio.
9.	heute (ZDF)	3,69 Mio.
10.	das aktuelle sportstudio (ZDF)	2,73 Mio.

...man muss durch den **Nebel** durchkommen, durch eine Vielzahl von Attraktionen und konkurrierenden Kommunikationsangeboten. Der Mensch der Mediengesellschaft hat gelernt, mit dieser Situation zu leben: Er nimmt **selektiv** wahr und ist ständig auf dem Sprung. Er »springt« und »zappt« von Angebot zu Angebot und richtet sich in der Kommunikationshülle ein. Oft schaltet er ganz ab.

Die **Herausforderung** für Gestalter
von Medien ist:
Wie kommt man durch diesen Nebel
zur gewünschten Klientel durch?

- Wie bekommt man seine Botschaft
  an den Mann und die Frau?

- Wie erreicht man **Aufmerksamkeit?**

Antwort:

Konzeptionell gestalten!

Aufmerksamkeit ist die Währung
der Mediengesellschaft:
Wie gewinnt man sie am besten?
Durch Provokation, durch
Schockwirkung, durch Verfrem-
dung, durch Extreme ...
Willkommen in der Galerie
der Aufmerksamkeit.

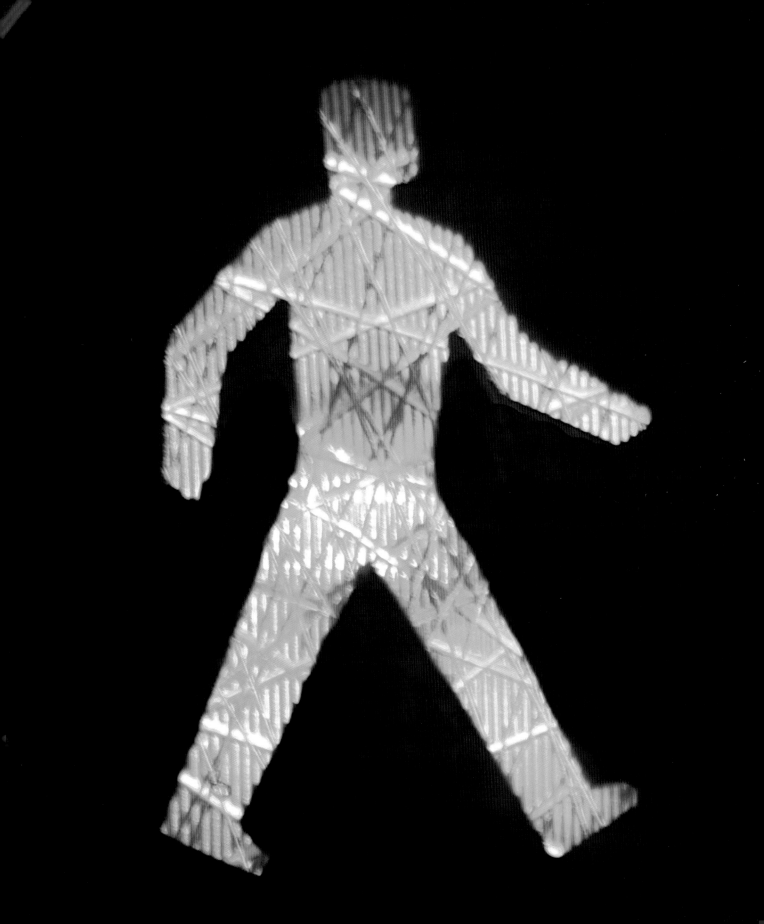

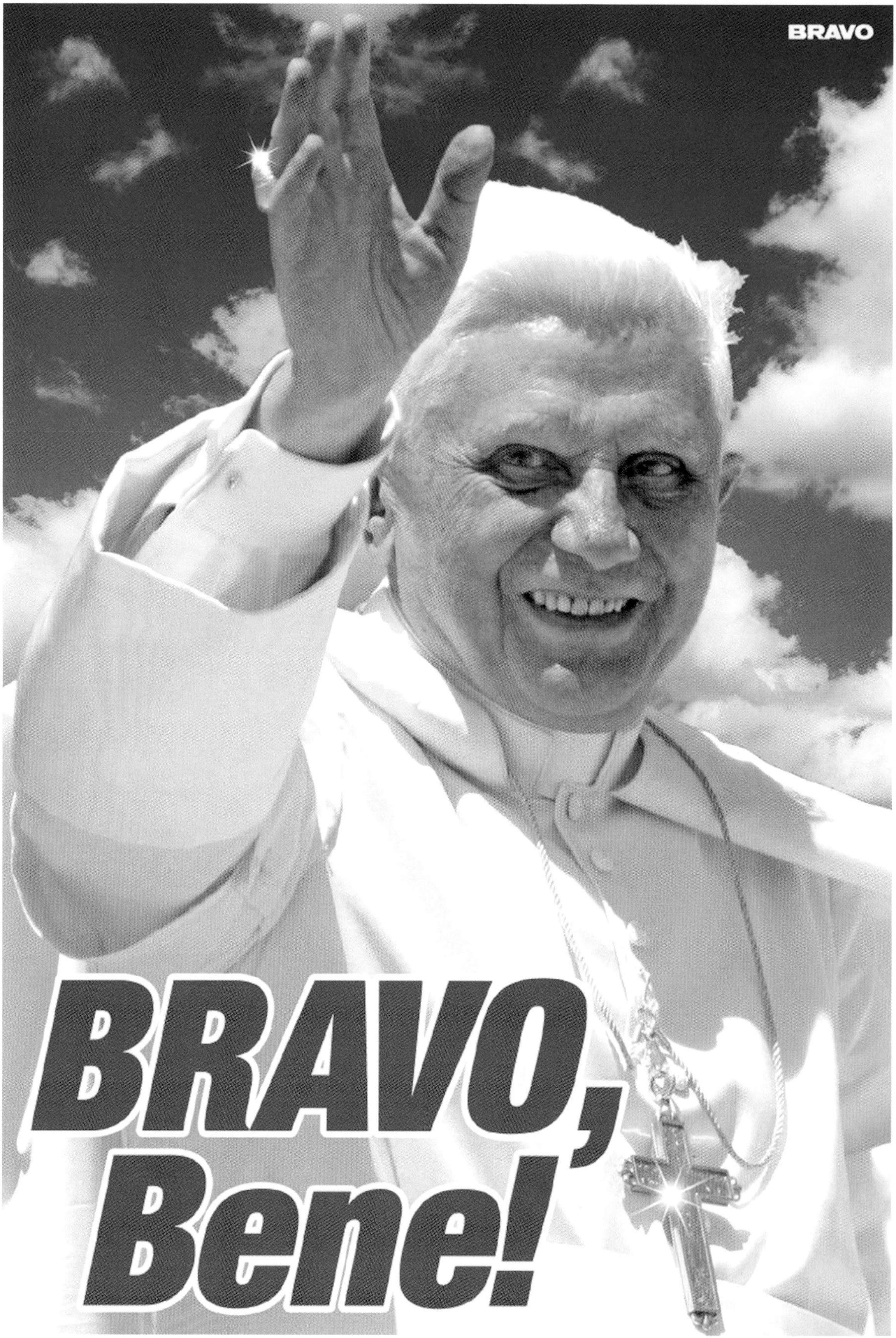
BRAVO
BRAVO, Bene!

Anruf 1

Annahme Able[t]

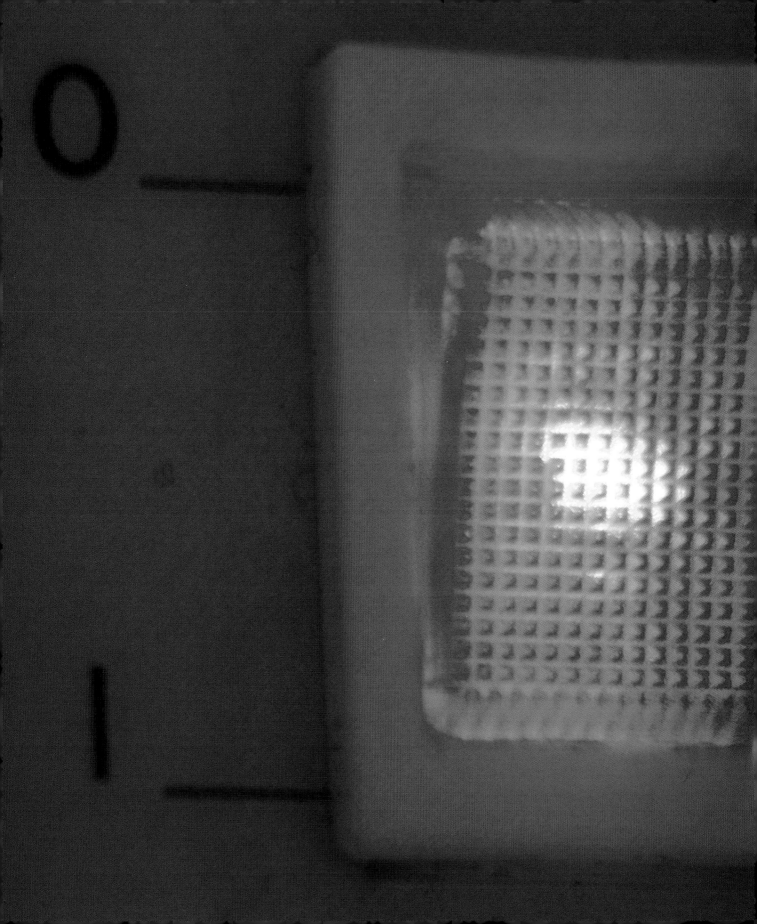

Vom Menschen zum Medium

Es gibt Medien, seit es Menschen gibt. Schon unsere Urahnen waren aktive Teilnehmer medialer Systeme: Sie erfanden und benutzten die Buschtrommel, Höhlenzeichnungen, Einritzungen auf Steintafeln … Kommunizieren ist Grundbedürfnis menschlichen Daseins, eine anthropologische Konstante. Der Mensch ist eben das Tier, das sprechen kann. Und wir sprechen, weil wir uns austauschen wollen, ja müssen. Denn der Mensch will kein »vereinzelter Einzelner« (Marx) sein, sondern ist ein soziales Wesen. Kommunikation, Information und Informationsvermittlung sind Ausdruck der Sozialität des Menschen.

Das eigentlich Neue unserer Zeit besteht darin, dass die mediale Präsenz und Relevanz der Medien zum eigentlich bestimmenden Wirtschaftsfaktor und zur Existenzberechtigung geworden ist: Mediale Präsenz entscheidet über Existenz, über Erfolg und Misserfolg eines Menschen oder eines Unternehmens. Eine professionell arbeitende Industrie findet dabei Mittel und Wege, wie man Aufmerksamkeit gewinnen kann.

Die vier Medienkategorien

Die Wissenschaft teilt die Medien in vier Kategorien ein: Primärmedien bezeichnen Menschmedien, das heißt: Menschen treten als mediale Systeme auf, die Botschaften rhetorisch, körperlich oder geistig übermitteln. Zum Beispiel Priester, Sänger, Hofnarren, Geschichten- und Märchenerzähler. Institutionalisiert finden wir diese Mediengattung im Theater wieder.

Die Sekundärmedien sind alle gedruckten Medien. Ausgehend vom klassischen Brief und der Weiterentwicklung der Schreibtechnik, stehen uns heute viele Printmedien zur Auswahl: Magazine, Special-Interest-Zeitschriften für alle Hobbys dieser Welt … Ein Besuch im Kiosk um die Ecke zeigt, was gemeint ist.

Tertiärmedien sind alle elektronischen Medien, also Hörfunk, Radio, Fernsehen, Film, Video und Telefon. Die Trend geht dahin, möglichst viele elektronische Medien in einem Gerät zu vereinigen – als All-in-one-Lösungen im Büro (Kopierer, Fax, Telefonstation) oder im Privatbereich als Handy, das gleichzeitig Digitalkamera, Webzugang und Bildschirm für Filme ist.

Quartärmedien schließlich beschreiben die Gruppe der Computermedien, also E-Mail und World Wide Web. Digitale Technik revolutioniert unser Leben umfassend. Digitaler Funk, digitales Fernsehen, interaktive Programme – täglich erweitern sich die Möglichkeiten.

Die Medienwelt

In weniger als 25 Jahren hat sich ein radikaler, nicht nur technologischer Wandel vollzogen. Nämlich ein Wandel in der Medienästhetik und der Wahrnehmung von Medien.

Heute wird, was gut ist, an der Erlebnisqualität und der Präsentation gemessen, die Form entscheidet über die Beachtung – der Inhalt folgt. Ein plastisches Beispiel dafür ist die Entwicklung des Wetterberichts. Einst eine relativ nüchterne Angelegenheit von Spezialisten mit großen, unübersichtlichen Karten – heute ein echtes Event. Mit professioneller Präsentation durch echte Medienstars: Jörg Kachelmann ist zurzeit wohl der berühmteste der modernen Wetterfrösche. Ein Promi mit lukrativen Werbeverträgen. Ben Wettervogel (bürgerlich Vogel) verbreitete als Radiomoderator bei SWR 3 Gut-Wetterlaune – egal, wie das Wetter war, passend zur Identität des Senders.

Die Rezeption hat sich natürlich ebenfalls gewandelt: Der stocksteife Zuhörer, der gebannt dem Äther lauscht, hat sich in den lockeren, immer nach neuen Angeboten Ausschau haltenden Menschen verwandelt – er will bei der Stange gehalten werden. Das große Angebot und die Leichtigkeit, dieses Angebot gleich zu bekommen – via Fernbedienung –, das macht den Medienkonsumenten heute zu einem extrem launischen und schwer im Programm zu haltenden Empfänger. Wir tun gut daran, uns den Empfänger von medialen Informationen als eine launische Diva vorzustellen. Unberechenbar, in kein Klischee passend.

Aus dem Labor:
SWR 3 versus DLF

Schalten Sie zur vollen Stunde Ihr Radio ein, wählen Sie einmal SWR 3 und zur nächsten Stunde den DLF, und hören Sie sich jeweils die Nachrichten an. Während in dem einen Sender der Sprecher mit Musik unterlegt ist, kommt der andere Sender ganz ohne Sounds aus. Hier spricht auch nur eine Stimme, in langsamem Duktus. Ganz anders der Popsender Nummer eins: Es gibt die Lead-Stimme, die je nach Thema den Spezialmoderator im O-Ton einblendet. Services wie Wetter und Verkehr übernehmen dann wiederum andere Stimmen.

Die knapp zwei Minuten, die SWR 3 im Schnitt für seine Nachrichten braucht, werden von über sieben verschiedenen Stimmen präsentiert.

Der DLF kommt hier mit nur einer Stimme aus, sendet aber Nachrichten in der Länge von durchschnittlich fünf Minuten.

Es geht hier nicht um Wertungen, sondern um die völlig unterschiedliche Arbeitsweise von zwei professionellen Sendern. Beide sind erfolgreich und auf ihre Art einmalig.

Johannes B. Kerner
Omnipräsenter Dauertalker

Emotion verpackt Information

Emotion dominiert die Präsentation der Botschaften in den Medien.

So wird eine Nachrichtenreportage meist erst einmal aus der Perspektive eines individuellen Einzelschicksals beleuchtet und somit emotionalisiert. Es geht darum, den Zuschauer und Zuhörer direkt und unmittelbar anzusprechen. Oft besteht die Nachricht vorwiegend aus Stimmung, die Meldungen werden zu interessanten Geschichten, zu Storys. Auch in der klassischen Medienwerbung wird stark auf Gefühle gesetzt.

So setzen ganz aktuell die großen Marken in ihren Slogans auf das höchste der Gefühle: die Liebe. »Ich liebe es«, heißt es bei McDonald's, VW handelt »Aus Liebe zum Automobil«, und Edeka bekennt: »Wir lieben Lebensmittel.«

Emotional und häppchenweise

Um die Aufmerksamkeit des Zuschauers zu behalten, wird aber nicht nur stark emotionalisiert, sondern auch portioniert. Alles – Sendungen, Artikel, Filme – wird in kleine Einheiten geteilt: hier ein Nachrichtenblock, dann eine kurze Reportage, dann wieder ein Nachrichtenblock, und wieder eine Kurzinfo. Häppchen machen happy! Denn sie sorgen für reichlich Abwechslung und halten den »zappen-den« und »zappelnden« Kunden mit immer neuen Impulsen bei Laune. Und vor allem: Sie halten ihn im Programm.

Medien und Moderatoren schaffen Realität

Die Aussagen »Hast du Anne Will gesehen?« oder »Wie war Marietta Slomka heute?« deuten auf eine andere wichtige Akzentverschiebung der Medienwahrnehmung hin: Ebenso wichtig wie die Themen und Botschaften der Sendung sind die Botschafter – also der Nachrichtenübermittler und Präsentator. Er zieht die volle Aufmerksamkeit auf sich, deshalb muss er nicht nur kompetent sein, sondern auch gut gekleidet, telegen – eben mediengerecht. Er muss optimal ins Format passen. Die zunehmend wichtige, ja omnipotente Rolle des Moderators wird in und auf allen Kanälen sichtbar.

In der wissenschaftlichen Kategorisierung der Medien nimmt der Moderator die Rolle des Schamanen und Tänzers ein. Und diese »Vortänzer« bestimmen unsere Medien – als leibhaftiges Menschmedium. Gottschalk, Will, Beckmann, Kerner, Jauch, Pilawa, Kuttner – das sind die Marken und Garanten für Aufmerksamkeit in den Medien, sprich: Quoten. Diese Moderatoren vermitteln uns Realität, denn nicht mehr die unmittelbar konkrete sinnliche Erfahrung bringt uns die Realität näher, sondern die Anschauung: indem wir Medien anschauen. Medien sind unser »Fenster zur Welt«. Der Wirklichkeitscharakter des Geschauten wird durch das Medium per se verbürgt. Der Satz »Das habe ich im Fernsehen gesehen!« ist das Wirklichkeitssiegel. Wahr ist, was in den Medien ist.

Selektive Wahrnehmung

Um als Empfänger den Überblick zu behalten und sich zu orientieren, lernen wir vor allem eines: selektiv wahrzunehmen. Das ist gewissermaßen der anthropologische Selbstschutz in der uns umgebenden Medienrealität. Wir sind ganz schön wählerisch und lassen uns nur von wirklich guten und gut gemachten Angeboten beeindrucken.

Nur das professionell gestaltete Medienangebot gewinnt unsere Aufmerksamkeit. Und wie lange und wie oft wir diese Aufmerksamkeit schenken, das hängt wiederum davon ab, wie das gesamte Auftreten und die Dramaturgie des Auftritts gestaltet sind.

Filmtipp:

Wag the dog
Der Film erzählt, wie die Aufmerksamkeit eines ganzes Volkes, nämlich der US-Amerikaner, durch einen inszenierten Krieg von den Schwächen und Affären des US-Präsidenten abgelenkt wird. Zeitlos aktuell und einfach sehenswert!

1998 New Line Cinema
Dustin Hoffman
Robert de Niro

Gute Zeiten für gute Gestalter.

Schlechte Zeiten für schlechte Gestalter.

Und wie gestaltet man gut und durchgängig? Jetzt unbedingt den Nebelscheinwerfer einschalten!

Geistesblitze

Konzipieren und kreieren

Konzepte halten zusammen

Unsere Welt besteht aus Konzepten. Es gibt Designkonzepte wie zum Beispiel den Mini. Retro auf vier Rädern. Wie vor ein paar Jahren die Wiedergeburt des Beetle von VW, nur viel erfolgreicher. Oder das Designkonzept der Apple-Welt: iPod. Ein revolutionäres Produktkonzept – die Digitalisierung von Musik und Bildern zum Mitnehmen – in neuer Form. Es gibt Geschmackskonzepte. Zum Beispiel Red Bull, der erste Energy Drink, oder das Biermixgetränk Quowaz. Beides neue Konzepte zum Trinken.

Hinter jedem gut positionierten Unternehmen verbirgt sich ein Konzeptansatz: Es gibt Unternehmenskonzepte. Zum Beispiel »Kosmetik ohne Tierversuche«, das Konzept von Body Shop, mit einem stringenten weltweit eingehaltenen Shop-Design. Es gibt Starbucks, die ganze Welt des Kaffees unter einem Dach. Oder Ikea. Möbel zum Mitnehmen und Selberbauen, eingebettet in eine Heimat- und Familienwelt, in der es auch Food- und Urlaubsangebote gibt. Ebenso ist Aldi ein Handelskonzept: überschaubar angeordnete Artikel zum Discountpreis – mit wöchentlichen Non-Food-Attraktionen wie Computer und Hometrainer. Demokratisierter Konsum. Konzept ist nicht nur eine Angelegenheit des Gestalters oder Texters, Konzept ist überall gefordert.

Es ist eine Art des Denkens, wie man an Sachen herangeht. Und unsere These heißt: Mit Konzept setzt man sich am Markt durch!

Der Nebelscheinwerfer des Gestalters: Das Konzept

Erfolgreiche Kommunikation arbeitet also mit Konzept, das heißt geplant und systematisch mit einer durchgängigen Idee, gestaltet mit wieder erkennbaren Elementen und Botschaften. Zum Beispiel einer definierten Farbtonalität (Farbräume wie NIL), einer spezifischen Klangwelt (Jingle der T-Com), einer spezifischen Darstellungsart (wie etwa der Illustrationsstil von carhartt oder die Comics von Red Bull), einem durchgängigen Wording- und Textstil (»Wohnst du noch oder lebst du schon?«), einem Fotokonzept (immer makro, immer mikro, immer Hintergrund unscharf etc.) und einem Mediakonzept (spezifischer Mediamix oder nur ein Leit-Medium).

Konzeptionell arbeiten heißt, sich mit einer gewissen Sturheit und Strenge zu präsentieren, sein Ding konsequent durchzuziehen. Es sind nicht die fixen Ideen, die den dauerhaften Erfolg in der Kommunikation und der Mediengestaltung bringen, sondern es sind die Konzepte. Langfristig angelegt auf dauerhafte Impulssendung mit klarer Botschaft – und das medienübergreifend. Also gleichermaßen für Print, Funk, TV und Internet.

Dabei engt das Konzept die Kreativität nicht etwa ein, wie manche Kreative kritisieren. Im Gegenteil, das Konzept ist die Bühne, das abgesteckte Spielfeld – und alle kreativen Ideen dieser Welt haben Platz darauf. Die modernen Klassiker der Werbung wie Absolut Vodka, Lucky Strike oder Porsche zeigen und beweisen das. Hier gilt das Konzeptprinzip »ein Thema mit unendlichen Variationen« – und das seit Jahrzehnten. Mit großem Erfolg. Die genannten Beispiele sind Powerbrands, sie setzen Maßstäbe in ihren Branchen. Das Konzept ist die Erfolgsgrundlage für professionelle kommunikative Arbeit. Ob es um die Entwicklung eines Fernsehformats geht, um die Premiere für ein neues Automodell, eine Spendenkampagne oder das Erstellen einer Website: Am Anfang steht immer ein Konzept.

Ein Konzept zu entwickeln ist erlernbar: Es geschieht nach einem klaren Muster. Und man tut gut daran, es immer und immer wieder bei jeder neuen Aufgabenstellung zu verfolgen.

Lesetipp:
Dieter Urban,
Die Kampagne –
Werbepraxis in 11 Konzeptionsstufen
(Stuttgart, 1997)

41

Manche Kommunikationsmaßnahme könnte wesentlich effizienter sein, wenn sie systematisch und konzeptionell auf der Höhe wäre. Wer konzipiert, verbindet bewusst und zielgerichtet Strategie mit Kreativität – es heißt auch: arbeiten mit zwei Beinen, mit dem Strategie-Standbein und dem Fantasie-Spielbein.

Übrigens, das Arbeiten mit Konzept schont Ressourcen! Ein definierter Gestaltungs- und Botschaftsrahmen gewährleistet, dass keine Eintagsfliegen entstehen, sondern Kontinuität und Langfristigkeit und somit stärkere Markenbindungskraft entwickelt werden. Rein wirtschaftlich gesehen spricht alles für mehr und für bessere Konzeption.

Mit gezielten Fragestellungen erarbeitet man sich die Basis für tragfähige Konzeptionen und Konzeptideen.

Wer

Wem
Was

Wer? Der Sender!

Wer will sprechen, wer will kommunizieren – ein Produkt, ein Unternehmen, ein Verband? Das ist die erste Frage, die es zu klären gilt. Und das heißt: recherchieren.

Sämtliche Informationen über den Auftraggeber und das zu bewerbende Produkt oder die Dienstleistung sammeln und bündeln. Eine gründliche Recherche schafft Klarheit. Ist es ein Unternehmen, für dessen Produkte geworben werden soll? Oder handelt es sich um einen Fernsehsender? Was hat dieser Auftraggeber bisher so alles gemacht? Was war erfolgreich? Je mehr hier an Informationen zusammengetragen wird, desto leichter fällt es, anschließend sinnvoll zu kommunizieren.

Also ausführlich nachfragen und die Erkenntnisse auch zu Papier bringen. Es hilft!

Insbesondere in der Marketingkommunikation ist es wichtig, die Frage des Absenders zu beantworten. Zu wissen, wie der Absender »tickt«, welche Kultur er vertritt, welche Gefühle und Emotionen mit dem Absender verbunden sind.

Wie Womit Wann

Was? Die Botschaft!

Die zweite Frage ist die nach der Botschaft: Was will ich sagen?
Was ist die Botschaft?
Das hört sich einfacher an, als es in Wirklichkeit ist.

Wollen wir mehr Quote?
Wollen wir mehr verkaufen?
Wollen wir mehr Akzeptanz?
Wollen wir mehr Bewusstsein schaffen?
Wollen wir aufrütteln und sensibilisieren?

Es gibt viele unterschiedliche Botschaften und Kommunikations-
ziele, und sie erfordern jeweils eine eigene individuelle Konzeption
und eigene Kommunikationswege.
Die Grundlage aber ist immer diese eine Frage nach der Botschaft.
Um an den Kern zu kommen, empfiehlt sich eine Arbeitsmethode:
Formulieren Sie die Kernaussage der Kommunikation in einem
einzigen Satz.
Dieser eine Satz wird das Sprungbrett für alle Ihre Konzeptideen.
Je griffiger und präziser Sie diesen einen Satz formulieren, umso
brillanter und treffsicherer werden Ihre Konzeptideen. Es lohnt
sich also, etwas Zeit für diesen einen Satz zu verwenden. Denn er
ist der Hebelpunkt für alle weiteren kreativen Gedanken und
Ideen.
Dazu einige Formulierungshilfen: Vermeiden Sie in einem Botschaftssatz das Wort »und«. Benutzen Sie es nur, wenn es wirklich
notwendig ist. Denn das »und« erzeugt unscharfe, unpräzise
Aussagen. Ein kurzer Satz bringt also das Thema auf den Punkt,
auch ohne »und«.
Er ist wesentlich. Er hat eine Aussage:

»Das Eis mit Stil« (Philosophie von Magnum)

»Das Auto mit neuem Mobilitätskonzept« (Smart)

»Das mildere Bier« (Becks Gold)

Es ist einfacher, Ideen zu entwickeln für ein Sendeformat, das klar unterhalten soll. Wenn es aber gleichzeitig noch informativ, witzig und für die ganze Familie sein soll, dann wird das Format ebenso schwammig wie viele bereits bestehende Sendungen.

Oder ein neues Automodell ist sowohl sicher als auch günstig und noch gut designed. Schön und gut, aber leider nicht fokussiert. Es ist zu vermuten, dass dann wieder »Eier legende Wollmilchsau«-Ideen und Konzepte entstehen. Unscharf, beliebig. Orientieren Sie sich an den einfachen, klaren Aussagen – ohne »und«.

Das Nutzenversprechen

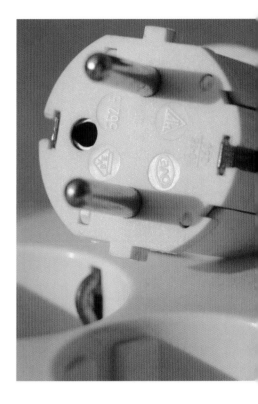

Gut ist, was wirklich nützt. Unter dem Nutzenversprechen (consumer benefit) versteht man in der Medienkommunikation das, was das Produkt oder die Dienstleistung an effektiv nachvollziehbaren Vorteilen bieten. Dieser nachvollziehbare Vorteil (reason why) ist die Grundlage erfolgreicher Marketingkommunikation. Am besten ist natürlich, wenn dieser einzigartig ist und sich eine klare Abgrenzung von den Mitbewerbern ergibt. Dieser zentrale Punkt muss unbedingt schriftlich formuliert und kommuniziert werden. Wenn es sich dabei um eine Alleinstellung handelt, sprechen wir von einer USP (unique selling proposition).

Jedoch unter heutigen Marktbedingungen sind einzigartige Vorteile selten geworden. Zu ausgereift und ausgereizt sind viele Märkte. Und wenn es doch einmal einen solchen Vorteil gibt, dann sind die Nachahmer schnellstens zur Stelle, um den Vorsprung sogleich wieder einzuholen. Dies verdeutlicht, wie wichtig Kommunikation mit Konzept geworden ist.

Wem? Dem Kunden!

Kommunikation ist immer zielgerichtet – sie richtet sich an jemanden. Manchmal ist das ein erlesener Kreis, zum Beispiel Entscheider in der Wirtschaft oder eine bestimmte Szene. Manchmal sind es viele: Autofahrer, Hausfrauen, Heimwerker. Immer aber definieren wir eine Zielgruppe, die sich beschreiben und fassen lässt: nach Alter, Geschlecht, Herkunft, Besitzverhältnissen, aber auch nach Wertvorstellungen, Freizeitverhalten oder Hobbys.

Eines aber sollte definitiv nie der Fall sein: dass sich Kommunikation an alle richtet. Es gibt immer eine Kernzielgruppe, die es vor allem anzusprechen gilt, auch im Zeitalter der Massenkommunikation und Massenmedien. Es ist ein Kardinalfehler vieler Konzeptionen, dass man möglichst viele (»An alle!«) ansprechen will und dann gezwungenermaßen in Allgemeinplätzen und Floskeln denkt und gestaltet. Sie kennen die berühmt-berüchtigten Schemata: Frauen, Kinder, Katzen!

Unser Tipp: Greifen Sie sich eine konkrete Person aus Ihrer Zielgruppe heraus – und machen Sie sich von dieser Person ein sehr genaues und lebendiges Bild. Egal, wie man die Zielgruppe beschreibt – demographisch nach Alter, Bildung, Beruf und sozialer Stellung oder regional nach Land, Stadt oder psychologisch –, suchen Sie sich daraus eine Person exemplarisch heraus und nehmen Sie diese als konkreten Adressaten der Botschaft und des Konzepts. Der Vorteil: Sie werden konkret, bestimmt und persönlich – und das wird Ihrem Konzept Kraft und Klarheit geben. Dabei könnten Sie sich überlegen:

Wie lebt die Person aus der Zielgruppe?
Was fährt sie für ein Auto? Fährt sie überhaupt eines?
Wo macht sie Urlaub?

Wie feiert sie Geburtstag?
Welche Hobbys hat sie?

Und für genau diese eine Zielperson, diesen Vertreter der Gesamtgruppe, entwickeln Sie ein Kommunikationskonzept, erdenken eine TV-Serie, schreiben einen Jingle, gestalten ein Logo usw. Probieren Sie es aus:
Sie werden sehen, es funktioniert.

Von der Zielgruppe zur Stilgruppe

Aus den Zielgruppen, wie sie die klassische Marktforschung einst beschrieben hat, werden zunehmend so genannte Stilgruppen. Gruppen von Menschen, die sich über ähnliche Interessen, ähnliche Vorlieben, ähnliche Lebensstile definieren. Und zwar relativ unabhängig von Einkommen, Geschlecht und Alter. Gerade in Bezug auf die Altersgruppierungen erleben wir ein großes Umdenken: Das Alter scheint zu verschwinden.
60-Jährige kleiden sich wie 30-Jährige, reisen in dieselben Urlaubsorte, lesen dieselben Bücher.
Für das Konzeptemachen besteht die Herausforderung darin, den Stil der anzusprechenden Gruppen oder Communities zu treffen, ihre Wertehaltungen und Überzeugungen kennen zu lernen und damit zu arbeiten. Damit ein Zusammengehörigkeitsgefühl zwischen Sender und Empfänger entsteht – und so eine optimale Kommunikation auf Augenhöhe.
Wie sehr diese »Stilbündnisse« über demographische und soziale Schichtungen dominieren, zeigt das Beispiel der Autofarben. Seit Jahren steigen die Zulassungen für die Farben Silber und Schwarz. Hier bricht sich ein Stil Bahn – ein Farbenbündnis.

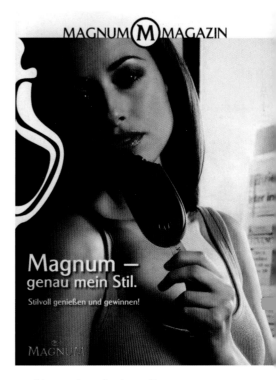

Magnum ist mehr als nur Eis
Ein gutes Beispiel für das Arbeiten mit Stilgruppen ist Magnum. Verschiedene Anbieter von Produkten (vom Sofa bis zur Kücheneinrichtung), die die gleiche Stilgruppe ansprechen, sind in einer Broschüre zusammengefasst und werben gemeinsam.

Wie? Die Konzeptidee!

Der Absender ist klar, die Botschaft steht, die Zielgruppe ist definiert – jetzt beginnt die eigentliche klassische Kreativarbeit: Her mit den Ideen!

Ist der Botschaftssatz gut und griffig, wirkt er wie ein Sprungbrett: Wir beginnen sofort zu springen, zu spinnen, zu spielen, zu kombinieren. Je frecher und wilder das geht, umso besser: Eine gute Idee hat meist eine etwas längere Wegstrecke hinter sich. Unzählige Kreativmethoden und Kreativ-Tools stehen uns zur Verfügung und helfen uns voranzukommen. Aber wie gesagt, das Beste ist ein deutlicher Satz: eine klare Botschaft.

In der eigentlichen Ideenfindungsphase hat sich übrigens ein Mittel bestens bewährt: Computer ausschalten!

Ideen entstehen im Kopf, nicht im Computer. Ideen entstehen in der Straßenbahn, beim Fahrradfahren, im Zug, im Restaurant, auf dem Klo, ja – aber selten im Büro, vor dem Computer.

Die berühmten Kritzeleien auf dem Notizblock, die Entwürfe und Scribbles auf dem Bierdeckel – das sind die Brutstätten für gute Konzeptideen. Wieso? Weil hier die Gedanken und Bilder strömen, weil schnelle Sribbles viel mehr sagen als mühsam entwickelte (PC-)Layouts. Der Bildschirm limitiert. Ebenso ist das Blättern in Zeitschriften sicher spannend, aber in letzter Konsequenz doch irgendwie ermüdend oder ernüchternd:

Alles schon mal dagewesen, nichts Neues. Durch das Betrachten fremder Arbeiten wird man selten auf eigene Ideen kommen. Schließlich soll ja Neuland entdeckt werden. Warum also die üblichen Verdächtigen (Lürzers, Cannes-Rolle, ADC-Jahrbücher usw.) wieder und wieder konsumieren?!

AIDA

Erstes Ziel von Kommunikation ist A wie Attraction, also Aufmerksamkeit bekommen. Ist das gewährleistet - was in Zeiten der Reizüberflutung ganz und gar nicht einfach ist -, dann soll I wie Interesse geweckt werden. »Aha, interessant«, sagt sich die angesprochene Zielgruppe. Um schließlich die Phase des geweckten Wunsches (D wie Desire) zu eröffnen. Und weil wir Wünsche auch erfüllen wollen, setzt A wie Action ein: Der angesprochene Kunde reagiert auf den Impuls und handelt. Geht einkaufen, wählt eine Telefonnummer, schaltet den richtigen Sender, surft im Internet.

Aufs Ganze gehen heißt: dem eigenen Vermögen vertrauen und den eigenen Kopf arbeiten lassen – und sich durchsetzen.

Beginne mit einem Wort: grün.
Starte mit einem Bild: Hochhaus.
Definiere einen Klang: »Ding-dong!«

Oder starte mit einem Geschmack, einem Geruch, einem Material, einem Dialog, einer Szene. Einem berühmten Zitat, einem Witz, einem Größenvergleich, einem Märchen – einem verlassenen Landstrich, einer längst verblichenen Handschrift ... Der Ideenstoff ist wirklich unendlich.

Ideen werden in der Regel in Textform geboren und anschließend in Bilder und/oder Filme übersetzt. Manchmal auch umgekehrt. Was passiert, wenn man nicht den richtigen Job hat? Stotternde Entertainer, unglückliche Politiker, Stewardessen mit Flugangst – und schon entstehen Szenen und Geschichten, die möglicherweise ein Kommunikationskonzept für eine Jobbörse ausmachen.

Haben wir sie dann gefunden, die Idee (oder zwei oder drei ...), schreiben wir sie auf.

Ausformulieren und aufschreiben ist wichtig.

Vielleicht hängen wir das Ganze einfach an die Wand, dann wirkt die Idee auf den weiteren Arbeitsablauf befruchtend. Und irgendwann, im zweiten Schritt, suchen wir eine passende Bildsprache, Farben, Typografie etc., um unsere Idee auch wirklich überzeugend »rüberzubringen« und einzukleiden.

Nachdem die Idee gefunden und fixiert ist, geht es wieder etwas rationaler und analytischer weiter. Jetzt ist es Zeit, sich Gedanken zu machen, wie die Idee erfolgreich an die Zielgruppe kommt.

Konzepte folgen dem Gesetz der Serie.
Hier eine (unvollständige) Liste hervorragender Konzeptideen, die sich am Markt sehr erfolgreich bewährt haben:

Farbkonzepte
NIL (alles blauer Dunst)
T-Com (»Magenta«)
Financial Times Deutschland (»Lachsrosa«)
Blaupunkt (Blau + Punkt)

Bildszenenkonzept
FAZ (»Dahinter steckt immer ein kluger Kopf«)
bildliche Umsetzung des Slogans, immer die eine bestimmte Szene neu variiert:
ein Mensch hinter einer aufgeschlagenen Zeitung (auch ein Promikonzept)

Symbolkonzept
Becks-Schiff
Marlboro-Cowboy
Lila Kuh (Milka)

Formkonzept
KRASS-Brillen (immer Gesicht mit Brille aus Gegenständen)
vgl. die Gesichtscollagen von Archimboldo, komponiert mit Früchten und Gemüsen
Absolut Vodka (Spiel mit der Flaschenform)

Stilkonzept
carhartt (Illustrations-Stil)

Designkonzept
Mini (Produkt und Kommunikation)
iPod
Freitag (Taschen aus Lkw-Planen)

finden

finden

finden

finden

finden

finden

finden

finden

finden

finden

Der Dreisprung zur Konzeptidee

Zum Schluss eine Ideenfindungs-Methode für die alltägliche Praxis: der »kreative Dreisprung« für Konzeptideen.
Gehen Sie dabei folgende drei Schritte durch:
finden, formen und fragen.

finden

finden

Finden meint, alle formalen und inhaltlichen Möglichkeiten zu einem bestimmten Thema ausprobieren – hier geht es darum, möglichst viele Entwürfe aufs Papier zu bringen: unstrukturiert und spontan. Die Ideen einfach fließen lassen.
Je mehr, desto besser. Keine Angst, wenn dann auch einmal etwas sehr »Merkwürdiges« darunter ist, denn anschließend werden wir aus der Fülle des Materials auswählen und reduzieren, doch erst einmal brauchen wir eine breite Ausgangsbasis.
Sie können Kreativtechniken (siehe Gut zu Wissen) einsetzen oder einfach Fantasieren und frei assoziieren.
Entscheidend ist, dass am Ende viele unterschiedliche Ideen unkritisch zusammengetragen werden.
Es hat sich bewährt, einen komplett themafremden Begriff zu wählen (z. B. Ziege oder Kaninchen) und nun zu versuchen, diesen als Basis der Kommunikation zu verwenden. Also: Sie arbeiten an Hydraulikschläuchen und versuchen jetzt, die »Ziege« einzubinden.

formen

formen

Formen meint, auf den Punkt bringen. Also weg mit dem Ballast. Wir betrachten unsere Skizzen und Entwürfe und fragen: Sind wirklich alle dargestellten Elemente wichtig für die Botschaft? Lässt sich da noch was reduzieren? Kann der Betrachter das Gezeigte sinnvoll ergänzen und komplettieren? Ist die Idee tragfähig? Wird sie lange halten? Diese Fragen helfen uns, zu formen und ideenreich zu gestalten.

Fragen: Die ausgewählten und reduzierten Gestaltungsideen liegen jetzt vor uns – wir schauen uns das Ganze noch mal an. Fragen heisst, die Spielwiese verlassen und zurück auf den Boden der Tatsachen zu kommen.
Ist die Botschaft getroffen, ist das Wesentliche gezeigt? Versteht uns die Zielgruppe? Ist die Idee gut visualisiert – ist die Gestaltung angenehm und »merk«-würdig? Kommt die Botschaft so an?
Gehen Sie gleich bei Ihrer nächsten Aufgabenstellung in dem hier vorgestellten Dreisprung vor.

Sie werden sehen, es hilft bei der Konzeption und der kreativen Umsetzung. Viel Erfolg!

fragen

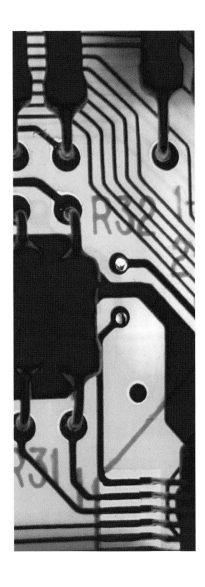

Womit? Der Mediamix!

Wie erreiche ich die anvisierte Zielgruppe am besten – welche medialen Kanäle, welche Medien nutzt die Zielgruppe am liebsten? Hier zeigt sich, wie wichtig Marktforschung und das Sammeln relevanter Daten über die Zielgruppe sind. Denn in der sauberen und klaren Auswahl der Medien entscheiden sich Erfolg und Misserfolg von Kommunikation.

Erreiche ich die Zielgruppe mit Print- oder Nonprint-Produkten? In der komplexen Medienlandschaft ist davon auszugehen, dass ein Mix der Medien das Mittel der Wahl sein dürfte. Aber wie muss dieser Mix beschaffen sein? Und gibt es ein Leitmedium? Versuche ich, Entscheider eher mit Texten (in Form von Anzeigen, Mailings oder Büchern) zu überzeugen oder via Bildschirm? Wenn ich weiß, dass bestimmte Zielgruppen oft im Auto unterwegs sind, kann ich gezielt das Medium Radio einsetzen. Und weil Jugendliche und Studenten oft Kinogänger sind, bietet sich dieses Medium für diese Altersgruppe an. Aber es gibt keine starren Marktregeln: Wenn wir lernen, in Stilen und Werten zu denken und unsere Adressaten als Stilgruppen begreifen, dann sind wir auf einem guten Weg. So steigt gerade die Zahl der älteren Menschen, die das Internet für sich entdecken und nutzen, kräftig an – Banner sind also nicht nur für Junge gut! Ebenso ist es mit dem Themen Mobilität und Urlaubsgenuss, hier geben die »Silver Ager« den Ton an.

Wann. Das Timing

Nichts ist stärker als eine Idee, deren Zeit gekommen ist – aber wann ist die Zeit reif? Ein zentrales Element innerhalb der Medienkonzeption ist deshalb das richtige, zielgruppengerechte Timing.

Hier lohnt es, sich mit den folgenden Fragen zu beschäftigen:

Gibt es saisonale Gewohnheiten der Zielgruppe?
Gibt es saisonale Bezüge beim Produkt?
Gibt es feststehende Termine oder regionale Gegebenheiten?
Handelt es sich bei der Kommunikationsmaßnahme um eine Markteinführung (»Launch«) oder eine Bestätigungskampagne? Ist das Produkt bereits bekannt, und sollen die Marktanteile gestützt werden?
Gibt es bestimmte Mediengewohnheiten der Zielgruppe?
Und: Wird die Wiederholung und die Serienbildung erfolgreich funktionieren?
In welchem Rhythmus wollen wir kommunizieren, mit welcher Motivreihenfolge (follow up) denken und arbeiten wir?

Fazit

Immer wenn Sie dieses Frageritual durchgehen, schaffen Sie sich die Grundlage für ein Kommunikationskonzept. Sie werden fündiger beim Ideensuchen, und Sie werden vor allem ganzheitlich denken und arbeiten lernen: Sie werden sich so neue Perspektiven eröffnen. Oft entsteht eine gutes Konzept aus einem Mediagedanken heraus, zum Beispiel so: Warum immer ein Plakat machen, vielleicht sollte man einmal die Straße selbst beschriften oder Ambient Media in Form von Bannern draußen in der Natur realisieren?! Es gibt viele Kommunikationsorte, die jeweils neue Ideen und Kreativstrategien erfordern, ja erzwingen – das ist eine Chance. Genau an diesen Gedanken schließt sich unser nun folgender Ansatz, nicht nur visuell zu denken, sondern alle Sinne in die Ideenfindung einzubeziehen: multisensorisch konzipieren.

Guerilla-Krieg um die Aufmerksamkeit!

Weil es immer schwerer wird, durch den Kommunikationsnebel durchzukommen, entwickeln die Marketing-Strategen immer neue Wege. So ist ein neues Aufmerksamkeits-Konzept unter dem Begriff »Guerilla-Marketing« entstanden. Mit kleinen, aber gezielten Nadelstichen soll die Ziel- und Stilgruppe »angefixt« oder der Konkurrenz ein Schlag versetzt werden.

Wenn alle Ihre Mailings und Briefe mit Massenstempeln und einer einzelnen Briefmarke versehen sind, bekleben Sie an einen handverlesenen Kundenkreis viele Marken auf dem Umschlag. Aufmerksamkeit pur! Oder Sie buchen direkt vor der Firmeneinfahrt der Konkurrenz einen Plakatplatz und werben mit einem Unikat für Ihre Sache. Überhaupt lassen sich viele Guerilla-Operationen sehr gut mit den neuen Möglichkeiten von Ambient Media (Outdoor-Werbung) verknüpfen. Kanaldeckel, Treppenstufen, Aufzüge - es gibt keine Grenzen, um gezielt einen kleinen Personenkreis anzusprechen.

Hier sind mit dem Medium Internet ganz neue Möglichkeiten eröffnet worden.

Virales Marketing, also Kommunikation, die sich per E-Mail »herumspricht«, haben große Marken bereits gezielt eingesetzt. Der berühmte Spot »Choir« von Wieden & Kennedy für den neuen Honda Civic hat sich wie ein Virus massenhaft im Netz verbreitet. Eigentlich geplant für den britischen Markt, wurde der Spot millionenfach und weltweit heruntergeladen, zeitweise gingen bei der Werbeagentur die Server in die Knie! So verknüpfen sich Guerilla-Taktik und Internet zu einer neuen und kreativen Plattform für innovatives Marketing.

Lesetipp:
Jay Conrad Levinson,
Guerilla-Marketing für Fortgeschrittene
(München, 1994)

See me, hear me, feel me

Der Text des berühmten »The Who«-Songs ist nicht zufällig, es gibt eine Hierarchie der Sinne. Danach ist der Sehsinn weit vor dem Hören, Riechen, Tasten und Schmecken angesiedelt. Die Gründe dafür liegen neben anthropologischen Ursachen sicher auch im kulturellen Training und der Vorliebe der Moderne für das Visuelle.

Es wäre ein interessantes Experiment, Hörgesellschaften zu entwerfen oder Fühlgesellschaften!

Aber weil das Sehen so weit vorne liegt, besteht der Reiz von kreativer und sich differenzierender Konzeptentwicklung gerade darin, multisensorisch zu agieren. Also möglichst viele verschiedene Sinne anzusprechen.

Lesetipp:

Uwe Pörksen,
Weltmarkt der Bilder
(Stuttgart, 1997)

Eine ganze Nation geht am Stock: Kein Zufall!

Der Sporttrend des Nordic Walkings hat einen handfesten Marketing-Hintergrund: Wie können wir noch mehr Langlaufstöcke verkaufen, auch außerhalb der Ski-Saison? So oder ähnlich muss die Frage gelautet haben, die sich der finnische Stockhersteller Exel stellte. Herausgekommen ist »Nordic Walking«. Gewiss, eine neue Sportart, vor allem aber ein geniales Absatzförderungskonzept für Exel.
(Quelle: Der Spiegel, 21/2005)

Wenig Verkehr auf der Aromastraße – multisensorisch arbeiten!

Neben Auge und Ohr besitzt der Mensch noch andere Sinne, um sich und seine Umwelt zu erfahren: Fühlen, tasten, riechen, schmecken – damit lässt sich wunderbar konzipieren und kreieren. Und vor allem: Hier öffnen sich Reizkanäle, die in unserer bildlastigen Medienwelt noch kaum als alternative Wahrnehmungskanäle entdeckt worden sind. Erkunden Sie ein neues Auto, ein höchst sinnliches Erlebnis! Das Klacken der Tür, das Geräusch des Motors, der Geruch des Interieurs, das Layout der Armaturen, das Feeling der Sitze – eine wahre Komposition für die Sinne. Ausgetüftelt von Ingenieuren und Designerteams, die eine einzige Aufgabe haben: nichts dem Zufall überlassen.

Im Namen der Rose: »Riech mal!«

Die menschliche Nase besitzt ungefähr drei Millionen Riechzellen, die sofort erkennen, ob ein Geruch echt ist oder nicht. Wir sind in der Lage, mehr als 10.000 Gerüche zu unterscheiden. Anders gesagt, wir haben einen ganz guten Riecher, und das ist eine echte Chance für interessante Konzeptionen. Also, ein Konzeptansatz, um im Nebel durchzukommen, könnte heißen: Duftmarken setzen.

Was uns vordergründig einen Strich durch die Sinnenrechnung macht, ist die Dominanz der Optik. Es gibt eine Hierarchie der Sinne, und die wird angeführt vom Sehen. Dazu ein Beispiel: Servieren Sie einen weniger guten Wein in einer schönen Karaffe, werden Sie punkten – obwohl Mund und Nase eher Dürftiges bekommen, wird der Gast ins Schwärmen kommen, weil er erst einmal optisch beeindruckt ist. Das Auge »trinkt« mit.

Wir ertasten die Welt

Tasten und berühren: Das ist unser Eintritt in die Welt. Jedes Baby macht diese Erfahrung und braucht sie elementar – ohne Berührungen würden sich Babys nicht entwickeln können. Michelangelos »Erschaffung der Welt« stellt den entscheidenden Punkt der Schöpfung des Menschen konsequenterweise als eine Berührung dar.

Eine wahre Fundgrube für Tasterlebnisse sind Messen. Hier tastet man sich vor und ertastet buchstäblich sein Objekt der Begierde. Man untersucht die Exponate mit den Händen, befühlt, besitzt, beschnuppert: sinnliches Erleben und Haptik pur.

Ausblick

Multisensorische Kommunikation wird in Zukunft immer mehr den Ton angeben. Es wird duften und rascheln, man wird fühlen und schmecken und riechen.

So eröffnen sich neue Kanäle in der Kommunikation, neue Sinneserlebnisse werden geboren – neue Sensibilität entsteht. Die mediale Kommunikation des 21. Jahrhunderts wird synästhetischer und multisensorischer sein. Visuelle und akustische Reize werden mit Düften und Tasterlebnissen bereichert und angereichert.

In Zukunft wird also derjenige mehr Aufmerksamkeit bekommen, der uns kommunikativ und medial sinnlich bereichert.

Wie schmeckt Ihr Briefpapier?
Wer jemals im Lexikon der Gourmets geblättert hat, wird erstaunt sein, wie reich und vielfältig die Wortwelt der Geschmacksnuancen ist. Das Aromarad für Rotwein oder Weißwein ist eine eigene Welt der Geschmäcker und Düfte – mit einem ganz eigenen Lexikon an beschreibenden Worten und Sprachwendungen. Allein der Klang dieser Worte setzt eine vielfältige Assoziations- und Bilderkette in Gang: Kino im Kopf. Jenseits von Fastfood liegt ein unendlich weites Feld der Genüsse.
Warum also nicht einem Unternehmen oder einer Marke einen bestimmten Geschmack zuordnen?

Die Galerie der Konzepte lädt dazu ein, Gestaltungen aus anderer Perspektive zu betrachten: nicht visuell, sondern konzeptionell. Das heißt, hinter jedem Bild versteckt sich ein Konzept: ein Farbkonzept, ein Fotokonzept, ein Designkonzept.

REGIE

NIL

INSPIRIERT

STRENG
ABER
SÜSS

apple.com.au

iPod iTunes
network

Die Marktpositionierung

Ein Produkt, eine TV-Sendung, eine Zeitschrift kommen selten allein: Meist ist da schon jemand. Meist stehen auf dem Marktplatz schon viele Stände – und wir bauen gerade den nächsten Stand auf! Wie aufregend ist unser Stand? Wie kann sich unsere Leistung im Umfeld des Marktes und der Mitbewerber darstellen und vor allem behaupten? Wie sehen unsere Produkteigenschaften im Vergleich zur Konkurrenz aus? Haben wir mehr zu bieten als die anderen? Gibt es sogar einen alleinstellenden, objektiv nachvollziehbaren Kundennutzen? Gut ist, sich alle diese Fragen genau zu beantworten, und zwar bevor man den Stand aufstellt...

Das nennt sich im Marketing die Positionierung am Markt.

Was ist eigentlich eine gute Konzeptidee?

Und an was erkenne ich gute Konzeptideen? Gute Frage. Natürlich gibt es keine Standardantworten darauf, hier nur so viel: Eine gute Konzeptidee ist eine Idee, die ihre Arbeit gut macht; also das anvisierte Kommunikationsziel erreicht.

Schön ist, wenn sie das lange macht und lange fasziniert. Wenn sie viele Jahre ihren Dienst versieht – ohne Falten und ohne Ermüdungserscheinung. Und wenn sie sich in vielen Medien gleich gut einsetzen lässt – eine gute Konzeptidee ist keine Eintagsfliege, sie ist kampagnenfähig und multimedial einsetzbar.

Aus dem Bereich der Werbung gibt es hier zum Beispiel folgende Vorbilder:
- der Marlboro-Cowboy,
- das Becks-Schiff mit den grünen Segeln,
- und die Geschichten rund um die Lucky-Strike-Zigarettenpackung sind ebenso vorbildlich.

Jedes Medium hat seine »big ideas«, zum Beispiel im Fernsehen:
- Sarah Kuttner auf MTV
- Stefan Raab
- das aktuelle sportstudio – der Kult mit der Torwand

Über Kreativität und Vorstellungskraft

Der Begriff Kreativität stammt aus dem Lateinischen und bedeutet übersetzt das Schöpferische, die Schöpfungskraft. Das liest sich sehr gewaltig und macht dann auch verständlich, weshalb der Begriff von solch einer mystischen Aura umgeben ist.

Kreativität ist aber zuallererst einmal die Fähigkeit, Lösungen zu entwickeln für Fragen und Problemsituationen. Dabei meint kreativ sein: einen anderen Weg als bislang einschlagen. Insofern hat Kreativität immer mit dem Neuen zu tun. Kreativität ist die Fähigkeit, die Dinge mit anderen Augen zu sehen, die Perspektiven zu wechseln.

Ein Beispiel: Am Anfang waren die Computer mausgrau. Ohne zu fragen, entwickelten alle mausgraue Computer. »Wieso denn? Machen wir sie bunt«, sagte sich Apple und wechselte die Perspektive und also die Farbe: Der iMac war geboren. Erinnern Sie sich noch an die schönen ersten iMacs?!

Ebenso revolutionierte jüngst der iPod den Markt. Grundlage dieser Ideen und Konzepte sind Verschiebungen und Perspektivwechsel sowie die Schulung und Stärkung unserer Vorstellungskraft. Mit dem Satz »Stell dir vor...« kommt der kreative Prozess in Gang.

Stell dir vor

Der einfache Satz »Stell dir vor…« ist der zündende Funke – er setzt den Prozess in Gang, der die Ideen zum Sprudeln bringen soll.

Stell dir vor… das ist kein Buch, sondern ein… Stell dir vor… du bist ein Schiffbrüchiger und willst weg von der Insel!

Stell dir vor… du bist der Cursor eines Computers im Bundeskanzleramt. Stell dir vor…

Vorstellungskraft entwickelt sich dabei umso mehr, je mehr Fähigkeiten und Wissen bereits vorhanden sind. Denn Kreativität basiert auf Wissen. So definiert die neuere kognitionswissenschaftliche Forschung, dass Kreativität die Fähigkeit ist, vorhandenes Wissen originell zu nutzen. Wissen meint dabei natürlich nicht allein Lexikon- und Schulwissen. Reisen, Lesen, Theater und Musik, der ganze Kosmos des Lebens fließt ein, wenn es darum geht, kreative Lösungswege zu finden. Und ein gutes Stück Lebenserfahrung hilft immer, kompetente Lösungen zu finden. Insofern ist jeder Mensch kreativ, jeder auf seinem Gebiet. Kreativität hat viele Gesichter: Eltern, die ein Kind großziehen, sind genauso kreativ wie eine Führungskraft, die ein Unternehmen leitet, oder ein Art Director, der eine neue Kampagne entwirft.

Um den kreativen Prozess in Gang zu bringen, gibt es eine Fülle von Techniken. Zu den bekanntesten Methoden der Ideenfindung zählen das Brainstorming, das Brainwriting, die Synektik und die Reizwortanalyse.

Beim Brainstorming schreiben die Teilnehmer innerhalb einer vorgegebenen Zeit all ihre spontanen Ideen ohne Bewertung auf Moderationskarten. Die Karten werden gesammelt, strukturiert und zum Schluss bewertet. Die Erfolg versprechendsten Ideen werden dann konkret umgesetzt.

Das Brainwriting ist eine Variante des Brainstorming, zumeist in der Form »6-3-5«: In einer Gruppe von sechs Teilnehmern muss jede Person drei Ideen in ein Formular eintragen, das fünfmal weitergegeben wird. So können im günstigsten Fall 108 Ideen gesammelt werden.

Als ein Klassiker der Ideenfindung arbeitet die Synektik mit den Grundprinzipien des kreativen Prozesses: Die drei entscheidenden Phasen Problemklärung, Inkubation und Illumination werden von den Teilnehmern bewusst nachvollzogen. Statt sich aber mit der zu lösenden Aufgabe direkt zu beschäftigen, werden Analogien gesucht und bearbeitet, die möglichst weit entfernt vom eigentlichen Problem liegen, um so eine Distanz herzustellen. Erst am Ende des Prozesses werden die Analogien

Die Kraft des Unsichtbaren

Kreativität ist nicht nur in der Mediengestaltung wichtig. Alle Wirtschafts- und Lebensbereiche suchen und brauchen Kreativität: Es ist der Rohstoff des 21. Jahrhunderts. Denn schon heute sind in den hoch entwickelten Industrienationen über 25 % aller Arbeitenden im Kreativsektor tätig. Dieser umfasst: Wissenschaft, Technik, Forschung und Entwicklung, Kunst, Kultur Kommunikation und Design sowie Berufe in den Bereichen Medizin, Finanzwesen und Recht.

Immer mehr Menschen also arbeiten mit und an der Kraft des Unsichtbaren.

Ein Beispiel: die Software, gewissermaßen das Öl der Mediengesellschaft. Zigtausende Spezialisten bei Microsoft, SAP usw. tippen und programmieren tagaus, tagein neue Ideen in ihre Computer. Computergestütztes Lernen und Arbeiten ist schon heute Alltag, für alle denkbaren Branchen gibt es spezielle Softwarelösungen – ein unendlicher und vor allem total globaler Markt.

Vordenker wie der amerikanische Autor Richard Florida sprechen deshalb bereits von der kommenden Zeit als dem Zeitalter der Kreativität, in dem die kreative Klasse das Sagen haben wird. Gute Aussichten also für alle, die ihr eigenes Kreativpotenzial schulen und schärfen wollen: Kreativität ist Zukunft.

auf das Ausgangsproblem zurückgeführt. So entstehen neue Lösungsideen, die nun auf ihre Umsetzbarkeit hin bewertet werden.

Bei der Reizwortanalyse wird aus einem Lexikon oder einem sonstigen Text ein Reizwort zufällig ausgewählt. Die Teilnehmer werden von diesem Begriff, der nichts mit der Fragestellung zu tun haben sollte, zu Lösungsideen angeregt.

Ideen finden und kreativ sein – das ist ein weites Feld. Folgende Sätze sind hilfreich:

1. Spring! Finde eine Idee. Versuchen Sie, wirklich eine Idee zu finden, lassen Sie sich nicht entmutigen – der Wille zur Idee ist der erste Schritt zur Kreativität.

2. Nicht Ablehnung ist das Schlimmste, sondern Indifferenz. Also lieber mit einer Idee polarisieren als mit einer unauffälligen Arbeit weder Fisch noch Fleisch sein.

3. Erkennen Sie den dreifachen Wert einer Idee! Dann wird klar, weshalb es so wichtig ist, dranzubleiben und die Ideensuche nicht abzubrechen, nicht auf halber Strecke stehen zu bleiben.

Erinnerungswert

An eine gute Idee erinnert man sich gerne, an keine Idee erinnert sich niemand.

Qualitätswert

Eine Idee steigert den Wert der Botschaft. Somit wird die gesamte Gestaltungsarbeit wertvoller.

Budgetwert

Eine gute Idee kann wirkungsvoller als ein großes Budget sein.

Umsonst und draußen: Ideen!

Wie finde ich eine Idee? Provokante Antwort: Sie liegt auf der Straße. Im Ernst, das Leben schreibt die besten Geschichten. Ein aufgeschnappter Dialog in der Straßenbahn kann mehr inspirieren als das Herumblättern in Kreativbüchern. Ein Gespräch mit Freunden, mit Menschen, in der Kneipe, beim Sport – das ist inspirierend!

Also: Ideen findet man draußen. (Jedenfalls hat noch niemand den Beweis erbracht, dass das Sitzen in einem Büro unbedingt förderlich ist beim Ideenfinden. Rausgehen – dann kann man auch aus sich herausgehen und Neues entdecken.)

Und es gilt der Satz, dass gute Ideen oft ganz, ganz einfach sind. Oft so einfach, dass man es nicht wagt, sie auszusprechen – bitte keine Scheu vor der Einfachheit: der bunte Computer (iMac), der Bär auf der Alm (Bärenmarke), das ist alles so ganz selbstverständlich. »Diese Idee hätte ich auch haben können«, sagen deshalb viele. Richtig. Man muss nur den Mut haben und machen.

Bild oder Text oder beides?

Ideen lassen sich von zwei verschiedenen Seiten angehen: von einer bildlichen Aussage her oder von einer textlichen Aussage. Deshalb ist es gut, beim Ideenfindungsprozess hin und her zu springen. Mal von Bildern auszugehen, mal von Texten. Kommen gerade keine Bilder in den Sinn, dann einfach Worte und Sätze aufschreiben – und umgekehrt: Kommen keine Worte, dann einfach versuchen, in Bildern zu denken. Das meint »aufs Ganze gehen« – verschiedene Perspektiven einnehmen, ein Thema oder ein Problem von allen Seiten beleuchten.

Egal, welche Kreativtechnik oder Methode Sie anwenden: Die Ideenfindung teilt sich in zwei verschiedene Phasen.

Phase 1 ist die Phase des »unkritischen« Sammelns und des spontanen Assoziierens. Frei von der Leber weg darf assoziiert werden, kombiniert, analogisiert und alles in alles verwandelt werden.

Auch hier sind oft Fragen der Ausgangspunkt für Ideen: Kann man sich das zu bewerbende Produkt beispielsweise als Tier vorstellen oder als Mensch mit bestimmten Charaktereigenschaften? Was ist das Gegenteil davon? Was wäre, wenn es das Produkt auf der Welt nicht gäbe? Wichtig dabei ist, alle Sinne zu aktivieren: Wie riecht etwas? Wie hört es sich an? Kann es sprechen – was wäre, wenn es sprechen könnte? Welche Farbe hat eine Versicherung? Wie riecht ein Mikrochip?

Das Resultat dieser Fragen sind seitenweise Ideen auf dem Papier, wild durcheinander; manche sind erlernt und bekannt, manche mächtig abstrus, manche ungewohnt, einige aber auch sehr interessant. Manche unmöglich, aber irgendwie gut. Das ist genau die richtige Mischung!

Phase 2 bringt uns dann wieder auf den Teppich, auf den Planeten Erde zurück. Jetzt prüfen wir kritisch und verifizieren:

Wie können die Ideen geordnet und bewertet werden?

Nach welchen Kriterien wollen wir auswählen?

Fazit

Konzeption gibt den roten Faden vor, an dem sich alle anderen Kommunikationselemente – das Design, das Wording, die individuelle Medienauswahl usw. – orientieren.

In der Konzeption werden die entscheidenden Fragen systematisch geklärt, um dann konzeptionelle Ideen zu entwickeln.

Beim Konzipieren ist es wie sonst auch beim Gestalten: Die Übung macht den Meister.

Visualisieren – eine gute Kreativtechnik
Etwas visualisieren, sich von etwas ein Bild machen – auf diese Weise können Inhalte und Botschaften verständlich und sehr direkt kommuniziert werden. In der Regel viel schneller als allein mit Worten oder mit Schrift. Die Vorteile auf einen Blick:

- Bilder sind einprägsam.
- Bilder können Abstraktes sichtbar machen.
- Bilder sind nicht an Sprache gebunden (müssen nicht dechiffriert werden).
- Bilder kommunizieren unmittelbar und direkt.
- Bilder sind einprägsam.
- Bilder können große »Datenmengen« und Bedeutungsebenen transportieren.

Sehen lernen, wie Ideen Gestalt annehmen: Willkommen im Neusehland!

Neusehland

Neu sehen lernen – besser gestalten

Willkommen in Neusehland

L iving in a world of pictures« heißt der Slogan einer großen Bildagentur. Wir leben in einem visuellen Zeitalter: Wir machen uns von allem am liebsten ein Bild und visualisieren ständig Sachverhalte und Zusammenhänge. Woher aber kommt dieser Drang zum Bild eigentlich? Er hat biologische, psychologische, aber auch kulturelle Hintergründe.

Beginnen wir mit der Biologie. Der Sehsinn ist beim Menschen seit jeher besonders gut ausgeprägt. Der Mensch ist ein Augentier. Sehen nimmt in der menschlichen Wahrnehmung den größten Anteil ein: Der Gesichtssinn ist die physiologische Sehfähigkeit, das heißt die Fähigkeit von Organismen, sich mit Hilfe von Lichtsinnesorganen, Augen, in der Umwelt zu orientieren. Viele niedere Lebewesen besitzen Lichtrezeptoren, mit denen sie auf Bewegung oder Helligkeitsunterschiede reagieren können. Sehfähigkeit, wie wir sie verstehen, wird aber erst dann erreicht, wenn Abbilder der Umwelt im Gehirn erzeugt werden können. Menschen besitzen diesen Gesichtssinn mit komplexer Sehfähigkeit und können mit den Augen Farben, Form, Größe, Bewegung, Distanz, Entfernung, Textur usw. erkennen. In der »Hierarchie der Sinne« steht der Sehsinn ganz oben.

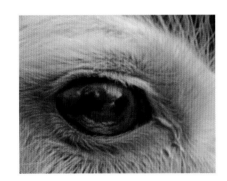

Im Zeitalter der Medien und der Massenkommunikation ist das Bild zu einem universalen Mittel geworden, um Inhalte und Botschaften zu transportieren.

Die Massengesellschaften des 20. Jahrhunderts wurden geprägt und angetrieben als Bildkulturen. Starkult und Politikkult entstanden aus der bildlichen Inszenierung.

Diese Entwicklung verschärft sich zu Beginn des 21. Jahrhunderts: Bilder prägen unser Weltverständnis und auch das der modernen Mediengestaltung.

Neu sehen lernen:
Ur-Erlebnis und Ur-Sprung des Gestaltens

Wer (gut) gestalten will, zieht am besten nach Neusehland. Denn alles in der Mediengestaltung beginnt mit dem neuen Blick auf die Dinge. Wir müssen umdenken und »umsehen«. Nennen wir es die gestalterische Sehweise.

Mit ihr nimmt man die Umwelt anders wahr als gewohnt – nämlich als zweidimensionale Flächen und Strukturen.

Das normale erkennende und rein identifizierende Sehen stellt der Gestalter idealerweise zurück, er blickt durch und konzentriert sich auf Flächen und ihre Komposition. Ein in Gestaltung geschultes Auge erkennt damit neue ästhetische Momente und Dimensionen – vor allem besitzt es die Fähigkeit, Bildhaftigkeit und Bildaufbau des Gesehenen genau zu analysieren.

Der Mensch neigt dazu, diejenigen Dinge größer wahrzunehmen, die ihn gerade interessieren und gerade im Blickfeld stehen. So sieht etwa ein Tennisspieler den Tennisball viel größer, als er tatsächlich ist. Oder: Wir sehen den Mond als riesige Scheibe – in Wirklichkeit ist er aber viel kleiner. Offenbar ist unser Auge in der Lage, bestimmte Reize stärker ans Gehirn weiterzuleiten als andere Reize, um so in bestimmten Situationen schnell reagieren zu können: Das Auge beziehungsweise das Gehirn gewichtet und unterscheidet unwichtige Informationen von wichtigen Informationen. Dieser so genannte Tunnelblick ist für uns im täglichen Leben absolut notwendig. So hilft er uns zum Beispiel, in einer bunten und vielfältigen Umwelt die Details wahrzunehmen und das »Richtige« herauszufischen, sei es ein verlorenes 50-Cent-Stück oder die Marmelade im langen und vollen Supermarktregal. Der gelernte Tunnelblick ist das genaue Gegenteil der Sichtweise, die die Basis ist für gestalterische Kompetenz. Für ein so geschultes

Tunnelblick

Auf der einen Seite steht der Tunnelblick, auf der anderen der Realitätsverlust.

Wenn jemand nur noch gestalterisch sieht, ist er nicht mehr in der Lage, sich in der Welt zurechtzufinden.

Zwischen völligem Realitätsverlust auf der einen und dem eingeschränkten Tunnelblick auf der anderen Seite ist es ein weites Feld. Es ist sinnvoll, den Blick zu schärfen und mehr wahrzunehmen.

Diese »Bewusstseinserweiterung« bringt im Übrigen nicht nur Gestalter voran und auf neue Ideen.

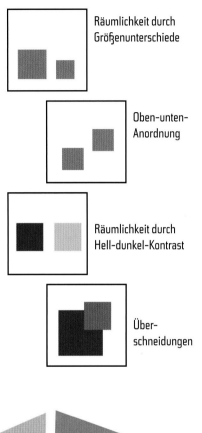

Räumlichkeit durch
Größenunterschiede

Oben-unten-
Anordnung

Räumlichkeit durch
Hell-dunkel-Kontrast

Über-
schneidungen

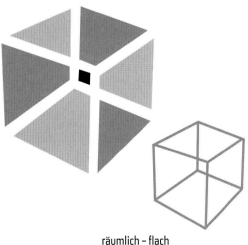

räumlich – flach

Auge ist die Welt zuallererst ein zweidimensionales, flächiges Erscheinen von Dingen. Ohne Vordergrund und Hintergrund. Ohne mehr oder weniger Bedeutung. Es sind nur noch Flächen, die sich berühren, sich miteinander verbinden, konkurrieren, in Spannungsverhältnissen zueinander stehen oder sich ergänzen. Ein ganz neues Seherlebnis – es erfordert ein komplettes Umdenken.

Räumliches Sehen

Wir leben im Raum und nehmen uns als Raumwesen wahr. Deshalb tendieren wir immer dazu, Formen als Formen im Raum zu sehen. Stets versuchen wir, einen räumlichen Zusammenhang zwischen einzelnen Formen herzustellen. Diese Urfähigkeit, ohne die wir nicht in der Lage wären, uns zu orientieren, hat große Auswirkungen auf die Gestaltung. Gerade weil wir jahrelang darin trainiert sind, ständig räumliche Bezüge herzustellen, fällt uns jetzt die zweidimensionale Sicht der Dinge so schwer. Trotzdem: Versuchen Sie neu und zweidimensional sehen zu lernen. Das Gehirn überträgt Gesetze und Erfahrungen der alltäglichen Wahrnehmung auf das Sehen zweidimensionaler Gestaltungen: Bestimmte Anordnungen von Formen werden automatisch als Vorder- und Hintergrund gedeutet. Unvollständige Figuren werden durch uns vervollständigt oder korrigiert. Wo beispielsweise eine Linie in Wirklichkeit unterbrochen ist, erscheint es uns mitunter so, als würde sie von einem Objekt verdeckt. Am unteren Bildrand platzierte Gegenstände erscheinen dem Betrachter »näher« zu sein als Objekte weiter »oben«. Farben und Kontraste können ebenfalls räumlich interpretiert werden: Gleiche Objekte wirken in dunklen Farben näher. In hellen, insbesondere blauen und grünen Tönen erscheinen sie weiter entfernt.

Zweidimensional sehen und mehr sehen als andere

Ein 50 Meter entferntes Objekt sehen wir wesentlich kleiner, als wenn sich das gleiche Objekt direkt vor uns befindet. Viele Schwierigkeiten und Fehler etwa beim Zeichnen rühren genau daher, dass wir die Objekte zwar verschieden groß sehen, aber aufgrund unseres objektiven Wissens, dass die Objekte ja »in Wirklichkeit« gleich groß sind, die Gegenstände gleich groß abbilden. Ein Auge, das neu zu sehen gelernt hat, wird diesen Fehler nicht mehr machen und differenziert ganzheitlich wahrnehmen. Eine Hilfe dabei ist, Gesehenes exakt in Worte zu fassen.

Intensives Hinschauen, mehr sehen als üblich: das ist eine sehr bereichernde Erfahrung. Es ist für Gestalter beim Treffen einer Person eine gute Übung, auf äußere Details des Gegenübers zu achten, zum Beispiel auf Augenfarbe, Augenbrauen, Stellung der Augen, Länge der Wimpern, Farbe der Jacke etc., diese also bewusst wahrzunehmen und zu speichern.

Wahrnehmen von Negativräumen

Negativräume (Luft, Weißraum) – also die Bereiche, die wir nicht zur Figur zählen – sollten wir genauso intensiv anschauen wie die Positivbereiche (Objekte, Figuren, Materie). Der Negativraum (ehemals Hintergrund) einer Gestaltung ist ein wichtiges Element in der Gesamtkomposition, er ist genauso wichtig für die Gestaltung wie der Positivraum (ehemals Vordergrund).

Wer dies verstanden hat, wird anders an seine Umwelt herangehen. Allerdings muss man permanent weiter trainieren, sonst fällt die Wahrnehmung schnell zurück in den Tunnelblick. Somit ist die Basis der Gestalt-Fähigkeit zu sehen wie ein sportliches Training.

Busch und Wolke

Dass schon die Anordnung und die Position der Elemente als Merkmal entscheidend sein können, zeigt das Beispiel »Busch oder Wolke?«.
Die identische Gestaltfigur wird unten platziert zum Busch, oben platziert wird sie als Wolke wahrgenommen.

Was ist Figur, was Grund? – Positive und negative Flächen stoßen aneinander.

Alle Neune!

Wahrnehmen heißt erkennen, erkennen heißt wahrnehmen. Die Bildbeispiele zeigen die visuellen Merkmale. Wir tragen eine Matrix von Merkmalen im Kopf, die wir pausenlos aktivieren, um die Dinge, die wir sehen, zu identifizieren. Auf die Frage: »Woran erkenne ich ein Objekt richtig?« lautet die Antwort einfach: An der Form, der Farbe, der Größe, der Helligkeit … Insgesamt lassen sich neun visuelle Merkmale definieren.

Mit den neun visuellen Merkmalen besitzen wir außerdem eine hervorragende »Kreativ-Toolbox«. Im Ideenfindungsprozess sollte man unbedingt einmal mit diesen visuellen Merkmalen spielen und sich inspirieren lassen.

Etwa so: Sie entwickeln gerade ein Konzept für eine Handy-Kommunikation. Gut, ändern Sie doch mal die Größe, die Farbe, die Räumlichkeit des Produkts – und schon entstehen schnell ganz neue Ideen und Gestaltungsvorschläge.

FORM	FARBE	HELLIGKEIT
GRÖSSE	ANORDNUNG	TEXTUR
RICHTUNG	TIEFE	BEWEGUNG

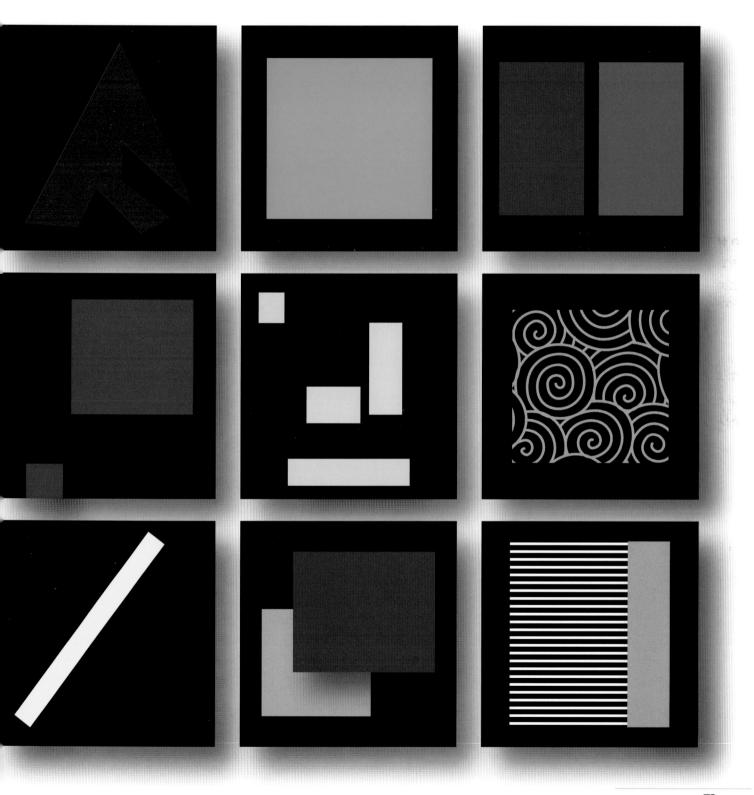

Gestalten heißt komponieren. Der Schlüssel zum Erfolg lautet, alle Objekte als zu strukturierende Flächen zu erkennen. Wer das verstanden hat, benötigt meist keine weitere theoretische Grundlage und kann – das ist das Ziel – aus dem Bauch heraus stimmige Kompositionen schaffen.

Ausgewogenheit, Richtung, Einfachheit

Eine ausgewogene Bildkomposition entspricht unserem ästhetischen Empfinden: Ausgewogene, gleich gewichtete Bilder und Kompositionen empfinden wir als angenehm und harmonisch – leider auch schnell als langweilig. Um bewusst Ungleichgewicht zu erzeugen – und damit Spannung –, können wir etwa folgende Parameter einer Gestaltungskomposition verändern: Stärke und Position von Elementen, ihre Richtung, ihre Helligkeit und ihre Farbgebung. Zudem ist die räumliche Anordnung von Bedeutung. Objekte und Elemente haben eine Form – und damit für uns eine Ausrichtung beziehungsweise eine Richtung; die Richtung einer Gestaltung definiert sich entweder über die Form der Objekte oder über die Anordnung und Position zu den Nachbarobjekten. Unsere Wahrnehmung lässt sich gerne »bedienen«, sprich: Sie ist faul. Und je eingängiger und im besten Sinne des Wortes einfacher eine Gestaltung ist, umso schneller und besser wird sie verstanden.

Farben bewusst sehen

Farbe gibt jeder Gestaltung emotionale Tiefe. Ob etwas in Grautönen oder in Pastelltönen oder mit starken Farbkontrasten gestaltet wird, verändert und definiert die Wirkung. Auch bei

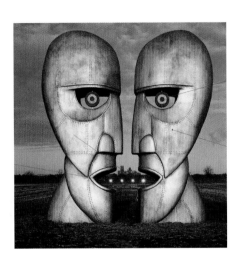

Das Wesen des Figur-Grund-Kontrasts
Das Plattencover von »Pink Floyd« nutzt den Figur-Grund-Kontrast kreativ: Hier sind insgesamt drei Köpfe zu sehen.

Lesetipp:
Uwe Stoklossa,
Blicktricks
(Mainz, 2006)

Farben gilt unser Grundsatz: Genau hinschauen (viel genauer als bisher) und sehen, was wirklich zu sehen ist. Wir haben gelernt, dass eine Wasserfläche blau ist. Aber stimmt das denn? Die Farbe des Wassers ist abhängig von der gerade herrschenden Lichtsituation und variiert eigentlich ständig – das Meer kann braun, grün oder auch weiß sein. An einem einzigen Tag.

Formen und Flächen sehen

Formen haben in der menschlichen Wahrnehmung ebenfalls bestimmte psychologische Wirkungen: Schrägen wirken dynamisch. Ruhiger und stabiler wirken Kreise: Die Aufmerksamkeit wird hier ständig in den Kreismittelpunkt gelenkt, so dass der Eindruck von Ruhe entsteht, obwohl das Auge sich in Wirklichkeit unablässig über die Form bewegt und sie immer wieder neu liest. Geschlossene Formen werden leichter wahrgenommen als offene. Symmetrische Formen wirken harmonischer, während offene, asymmetrische Formen schnell als unharmonisch empfunden werden. Auch über die spezifische Lage von Formen entsteht Bedeutung: Waagerecht angeordnete Formen und Flächen werden als liegend und passiv interpretiert, senkrechte Formen hingegen erscheinen aktiver.

Visuelles Gewicht

Es kommt darauf an, den Blick des Betrachters auf bestimmte Elemente zu lenken, und zwar genau in der Reihenfolge und Hierarchie, wie sie vom Gestaltungskonzept her gewünscht und beabsichtigt sind. Gleichzeitig wollen wir aber einen gelungenen

Wasserfarben

Gesamteindruck vermitteln. Dazu müssen wir uns das visuelle Gewicht vor Augen führen:

Jedes Gestaltungselement hat sein individuelles visuelles Gewicht.

Die visuelle Gewichtung in einem Bild ist dabei von verschiedenen Faktoren abhängig. Je größer ein Gestaltungselement ist, desto mehr Gewicht kommt ihm zu. Dasselbe gilt auch für seinen Abstand vom Formatmittelpunkt. Weit oben im Bild platzierte Elemente wirken wichtiger als weiter unten liegende. Es scheint, als müssten oben platzierte Dinge mehr Kraft gegen die Schwerkraft aufwenden. Rechts liegende Gegenstände haben ein größeres Gewicht, da bei uns nicht nur von links nach rechts gelesen, sondern auch »von links nach rechts gesehen« wird. Weitere Eigenschaften, die visuelles Gewicht erzeugen können, sind Farben, Farbintensität und Helligkeit. So hat ein kleines leuchtend rotes Element ein genauso starkes Gewicht wie eine riesige graue Fläche.

Den Blick des Betrachters kann man lenken, indem zwischen den Elementen der Gestaltung durch die Anordnung eine bestimmte Spannung erzeugt wird. Die Art der Gestaltung bestimmt, ob die Spannung erhöht oder reduziert wird.

Die Regel besagt jetzt ganz einfach: Zentrale Inhalte sind auch stärker zu gewichten als nebensächlichere. Eine klare Hierarchie der einzelnen Elemente sorgt darüber hinaus für einfaches Verständnis. Der wohl häufigste Fehler bei Gestaltungen ist das gleichberechtigte Nebeneinander der Gestaltelemente. Erkennt der Betrachter nicht, in welcher Reihenfolge er die einzelnen Elemente betrachten soll, springt sein Auge zwischen gleich wichtigen Elementen hin und her, das ermüdet und erzeugt Desinteresse – das Gegenteil von Aufmerksamkeit!

Gestaltung ist Ordnung

Die gestalterische Ordnung soll die Aufmerksamkeit des Betrachters so lenken, dass er möglichst genau die gewünschten Informationen erfasst – beziehungsweise die Informationen in der Reihenfolge ihrer Wichtigkeit und Bedeutung kommuniziert werden: Wichtiges zuerst, weniger Wichtiges später. Eine Botschaft gewinnt umso mehr an Deutlichkeit, je leichter die Ordnung der Informationen nachvollziehbar ist:
Klare (An-)Ordnung = klare Botschaft.
Das muss im Übrigen überhaupt nicht dazu führen, dass die Gestaltung langweilig oder spießig wirkt. Gerade »abgefahrenste« Gestaltungen haben häufig eine sehr klare Ordnung.

Das Ganze ist mehr als die Summe der Teile

Aus einigen wenigen Gestaltobjekten (zum Beispiel einem Foto, einem Fließtext und einer Überschrift) lassen sich durch verschiedene Anordnungen – durch unterschiedliche Größen, Farben und Lagen der einzelnen Elemente – viele völlig unterschiedliche Varianten erstellen. Ist die Überschrift das zentrale Element oder das Foto, oder soll sogar der Fließtext das dominierende Element der Gestaltung sein? Die (An-)Ordnung schafft die Bedeutung und definiert, ob wir zum Beispiel eine Motivanzeige oder eine Textanzeige gestalten. Verlassen wir bei der Gestaltung gewohnte Sehweisen, erzeugt das zuerst einmal Irritation. Dem Betrachter bleibt unklar, was man ihm zu sagen versucht. Unordnung blockiert die Kommunikation – oder sie erzeugt gerade besonderes Interesse. Es gilt also, das richtige Maß an Irritation zu erzeugen, um das notwendige Interesse und Aufmerksamkeit zu wecken.

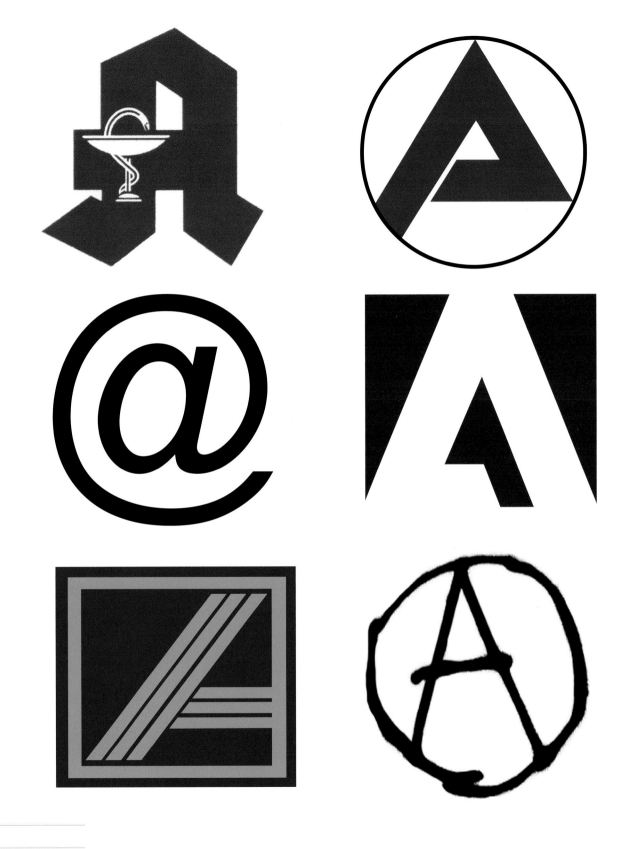

Alles wird zum Zeichen, zum Bild, zur Geste

Sonderzeichen, Warenzeichen, Erkennungszeichen, Gesten, Logos – der Kommunikationsnebel wird von Zeichen geprägt und dominiert, denn: Zeichen haben sich als besonders gute und schnelle Transporteure von Botschaften erwiesen. Sie kommunizieren schnell und mehrdimensional, sie überwinden mühelos kulturelle, politische und sprachliche Grenzen.

Ob Alters- und Religionsunterschiede oder Sprach- und Geschlechtsunterschiede – Zeichen können im Idealfall voraussetzungslos und global kommunizieren. Sie übersetzen komplexe Botschaften ins (einfache) Bild. So wird die wahrhaft komplexe Relativitätstheorie von Einstein zur prägnanten Formel $E = mc^2$. Die Formel wurde zu einer Ikone der Moderne. Das bekannte Bild des Meisters mit herausgestreckter Zunge wird gleichfalls zur Ikone: gemünzt vielleicht auf die traditionelle Physik und Weltvorstellung: »Ätsch, Herr Newton!« Der Kampf der Alliierten gegen die Nazis findet im V-Zeichen von Winston Churchill sein bekanntes Symbol. Vor kurzem tauchte das V-Zeichen in Verbindung mit dem Vorstandsvorsitzenden der Deutschen Bank, Josef Ackermann, auf. Willy Brandt, Altbundeskanzler und selbst eine Ikone der deutschen Politik, schuf mit seinem Kniefall in Warschau ein starkes Zeichen für Verzeihung und Versöhnung. Die Geste des Papstes Johannes Paul II., der bei seinen Auslandsreisen jedes Mal zuerst den Boden des Gastlandes küsste, wurde zum Markenzeichen dieses Medienpapstes.

Zeichen sind aber nicht nur Gesten. Eine Frisur, ein Kleidungsstück, ein Musikstil, eine Auto- oder Zigarettenmarke – sie sind Zeichen und kommunizieren Zugehörigkeit. Sie bezeugen Status und Prestige, sie zeigen, ob man dazugehört oder sich klar abgrenzt oder ob man etwas ablehnt oder befürwortet.

A als Zeichen
Schön, was man mit ein und demselben Material, nämlich dem Buchstaben »A« alles machen kann.
Es entstehen Zeichen mit eigener Identität und Botschaft.
Jedes Zeichen repräsentiert eine eigene Identität, eine eigene Image-Welt.
Kaum jemand wird diese Zeichen noch als reine Buchstaben wahrnehmen.

Zeichen zu entwickeln ist für den Gestalter von Medien eine herausragende Aufgabe. Schließlich soll einer Welt, die bereits voller Zeichen ist, ein neues Zeichen hinzugefügt werden. Und im besten Falle soll ein Zeichen entstehen, das die Werte und die Identität eines Unternehmens, einer Organisation oder einer Marke nachhaltig prägt – und es soll Aufmerksamkeit gewinnen. Global und medienübergreifend.

Eine Fülle von Spezialisten ist da tagtäglich am Werk. Doch auch hier sind die übergreifenden Fragen, die Allround-Fragen, erst einmal zu beantworten und visuell und textlich in den Griff zu bekommen:

- Was sind die Aufgabe und die Botschaft des Zeichens?
- Wie komplex darf es sein, wie einfach muss es sein?
- Welcher Abstraktionsgrad ist anzustreben?
- Wie viel Zeitgeist braucht das Zeichen?
- Wie viel Zeitlosigkeit braucht es?

Und immer wieder: der Brillentest

Bitte das neu gestaltete Zeichen nicht nur mit den Augen des Gestalters betrachten und bewerten, sondern auch andere Brillen aufziehen: allen voran die Brille der Zielgruppe, die Brille des Auftraggebers, die Brille von Unbeteiligten.

Lesetipp:
Hans Biedermann,
Knaurs Lexikon der Symbole
(Augsburg, 2002)

Zeichen markieren und machen sichtbar. Sie kommunizieren als Teil eines Codes »Ich bin einer von euch!« oder »Der gehört nicht dazu!«. Zeichen in einem System bilden Codes, etwa die Zeichen der gefürchteten Gangs von L.A. oder die Zeichen- und Gebärdensprache von taubstummen Menschen. Wenn die Zeichen wieder und wieder kommuniziert werden und ihre Bedeutung über den unmittelbaren Nutzerkreis hinauswächst, können sie zu Symbolen werden. Symbole für Macht, Überlegenheit oder für eine ganze Lebensphilosophie. Wie etwa der Coca-Cola-Schriftzug oder das McDonald's-Logo: Sie sind nicht mehr nur reine Warenzeichen, sondern Ikonen der westlichen Zivilisation. Wie sehr dies etwa auf den Coca-Cola-Schriftzug zutrifft, zeigen die vielen Verfremdungen und Zitate dieses Zeichens – bis hin zur Mekka-Cola, der islamischen Variante des westlichen Getränks. Dass auch Architektur zum Zeichen werden kann, haben die Twin Towers des World Trade Centers in New York gezeigt: Sie galten im wahrsten Sinne des Wortes als die überhöhten Zeichen des westlichen Wirtschaftssystems. Und es war kein Zufall, dass die Anschläge vom 11.9.2001 genau diese beiden Türme zum Ziel hatten.

Inmitten der Bilder- und Zeichenflut gibt es immer wieder einige wenige, die ihren Siegeszug um den Erdball unaufhaltsam fortsetzen: der Swoosh von Nike, die drei Streifen von adidas oder die Aids-Schleife. Auffällig ist, dass es sich dabei eigentlich um sehr einfache Zeichen mit geradezu archaischen Mustern handelt. Ein Indiz dafür, dass Einfachheit immer siegt?

Jein

Es gibt keine allgemein gültige Formel, wie man gute und aufmerksamkeitsstarke Zeichen gestaltet. Im Bereich der Warenzeichen und Logos legen aber Erfahrung und aktuelle Untersuchungen den

Schluss nahe, dass Logos weder zu komplex noch zu einfach gebaut sein sollten: Zeichen und Logos mittlerer Komplexität kommen am besten »durch« im Kommunikationsnebel. Das heißt, beim Gestalten klar und einfach sein, aber auch einen Rest von Geheimnis bewahren – so bleibt das Zeichen auch noch beim zweiten und dritten Hinschauen interessant und spannend.

Weil Zeichen eben so gut und so schnell kommunizieren können, sind wir heute einer wahren Zeichenflut ausgesetzt: Die Fragmentierung der Märkte und der gesellschaftlichen Gruppen bedeutet vor allem auch – mehr Zeichen. Denn jeder Markt, jede Marke und jede Gruppe kreiert ihre eigenen Zeichen und Rituale. Am augenfälligsten wird das in den verschiedenen Szenen und Jugendkulturen. Markenzeichen von Sportartikelherstellern sind Symbole der Jugend und der Jugendlichkeit, die Pace-Fahne wurde zum Symbol gegen den Irak-Krieg, die Aids-Schleife drückt weltweite Solidarität aus. Jede neue Bewegung kreiert »ihr« eigenes Erkennungszeichen: in Form von Tattoos und Piercings, von Aufklebern und Buttons, von Markenlogos und Icons. Sie prägen unsere Kultur und machen ihre Lebendigkeit und Vielfalt aus.

Faszinierend dabei ist, wie manche Zeichen, Gesten und Rituale schon viele Jahrhunderte lang »arbeiten« und verstanden werden: Die Zeichen der Weltreligionen und Mythologien sind ein gutes Beispiel. Steigt weißer Rauch über der Sixtinischen Kapelle auf, ist ein neuer Papst gewählt. Auch die gesamte Zeremonie und das Wording (»Habemus papam«) gehorchen einer uralten Tradition. Das altchinesische Symbol »Yin-Yang« stellt die Dualität des Kosmos (männlich–weiblich, Süden–Norden, Erde–Himmel usw.) dar. Die Kommunikation in unserer Medienwelt ist durch und durch geprägt von Zeichen. Und machmal feiern schon längst vergessene Zeichen fröhlich Wiedergeburt. Etwa bei der WM 2006 in Deutschland die Fahnen und Farben Schwarz, Rot, Gold.

Mal ganz konkret, dann wieder sehr abstrakt und erst nach Dechiffrierung verstehbar: Zeichen unterscheiden sich durch verschiedene Abstraktionsniveaus.

Neu sehen lernen ist ein Lernprozess. Wir müssen unser Auge sensibilisieren und intensiv schulen.
Die Galerie Neusehland gibt jetzt Gelegenheit dazu: Erkennen Sie das Bildkonzept hinter dem Bild!

Sehen biologisch

Gute visuelle Gestaltung macht sich einfache Wahrnehmungsgesetze zunutze. Als Gestalter müssen wir deshalb zuallererst verstehen, wie das menschliche Sehen funktioniert. Allerdings umfasst dieses mehr als nur die Optik – das menschliche Sehen ist eine faszinierende Kooperration zwischen Auge und Gehirn. Vieles, was wir vermeinen gesehen zu haben, entspringt oft in Wahrheit unserer gelernten Vorstellung.

Optisch funktioniert das Auge ähnlich wie ein klassischer Fotoapparat: Licht fällt durch Hornhaut und Pupille auf die lichtempfindliche Netzhaut. Die Netzhaut selbst setzt sich aus Stäbchen- und Zapfenzellen zusammen, die jeweils für eine bestimmte Wellenlänge und Intensität des Lichts empfindlich sind. Was diese Zellen empfangen, leiten sie über den Sehnerv zur Sehrinde des Gehirns weiter. Erst dort werden die einzelnen Nervenimpulse zu Formen und Farben zusammengesetzt. Im Gehirn erfolgt ein Abgleich der empfangenen Muster mit gespeicherten Bildern, und erst mit diesem Schritt »sehen« wir etwas vor uns.

Blickweg

Während des Sehvorgangs kann unser Auge immer nur einen Bruchteil des gesamten Blickfeldes scharf stellen. Dieser natürliche »Defekt« wird durch die ständige Bewegung des Auges ausgeglichen. Das Auge springt von Bildpunkt zu Bildpunkt. Dies kurze Verweilen nennt man Fixation, und nur während einer solchen Phase werden Informationen aufgenommen. Die schnelle Bewegung zum nächsten Punkt heißt Sakkade. Sie gehört zu den schnellsten Bewegungen, die der menschliche Körper überhaupt ausführen kann. Ungefähr zwei- bis fünfmal pro Sekunde eilt der Blick von Bildpunkt zu Bildpunkt weiter. Man kann diese Blickbewegungen mit aufwändigen technischen Geräten (Tachistoskop, »Eyetracker«) messen. Auf so genannten Scanpath-Diagrammen lässt sich verfolgen, wie der Blick des Betrachters über das Bild gewandert ist und welche Elemente er länger, kürzer oder überhaupt nicht betrachtet hat. Da nur während der Fixation Informationen aufgenommen werden, hängt es von der Anzahl der Fixationen ab, wie gut wir uns an ein Bild erinnern können. Wir empfinden das Anschauen von Bildern, die wenig Orientierung bieten und uns zu vielen Sakkaden und Korrekturen zwingen, als unangenehm. Die Gestaltung bleibt in diesem Fall ohne Prägnanz.

Wir können diesen Wechsel von Fixation und Sakkaden als »Scheinwerfer der Aufmerksamkeit« beschreiben. In der Evolution scheint sich unsere Wahrnehmung in der Weise optimiert zu haben, dass wir heute zwischen wichtigen und unwichtigen Reizen unterscheiden können.

LaBerge (1983) hat diese Lenkung unserer Aufmerksamkeit auf das Wesentliche mit einem Theaterscheinwerfer (spotlight) verglichen: Nur die Hauptfigur auf der Bühne ist beleuchtet, die Figuren im Dunkeln sieht man nicht – unsere Aufmerksamkeit ist selektiv. Wir können uns immer nur auf einen bestimmten Ausschnitt der Welt konzentrieren. Die Abhängigkeit der bewussten Wahrnehmung von der unbewussten Aufmerksamkeitslenkung wird in der Kommunikationslehre auch AIDA-Prinzip genannt (siehe Fokus). Für die visuelle Gestaltung heißt das: Eine Gestaltung, die diesen Gesetzen widerspricht, läuft Gefahr, keinen Eindruck und keine Spur in unserem Gedächtnis zu hinterlassen.

Schlüsselreize

Um nun die Aufmerksamkeit des Betrachters gezielt zu lenken, können wir Schlüsselreize einsetzen. Erotische Reize beispielsweise: Sie wirken stark aktivierend, können aber gleichzeitig vom eigentlichen Inhalt ablenken (»Verdrängungseffekt«). Ein anderer Schlüsselreiz ist das berühmte »Kindchenschema«: Es löst unmittelbar Sympathie und Fürsorgeverhalten aus. Diesen Effekt erzeugen auch Tiere. Bei allen diesen Reizen

greift die Gestaltung auf psychologische Grundgefühle (Archetypen) zurück, die alle Individuen besitzen. Auch die Körpersprache übermittelt Schlüsselreize. Mimische Ausdrücke für Wut, Freude, Ärger und Ekel werden meist kulturenübergreifend verstanden, sie sind offensichtlich genetisch verankert. Komplizierter zu erklären und damit schwieriger in der Gestaltung einzusetzen sind die kognitiven Reize wie Widersprüche und Überraschungen. Sie lösen gedankliche Konflikte aus und regen zum Verweilen und Nachdenken an. Ihre Wirkung ist weniger unmittelbar, als es bei den emotionalen Reizen der Fall ist.

Grunderfahrungen der Wahrnehmung

Visuelle Wahrnehmung ist stets subjektiv und persönlich: Was wir wahrnehmen, steht immer in Bezug zu uns, zu unserer Erfahrung und zu unserer momentanen Stimmung und Verfassung. Wir sehen die Dinge und die Welt »mit eigenen Augen«. Dabei konstituieren wir zuallererst einen Raum der Wahrnehmung: Ein Gegenstand befindet sich oben oder unten, rechts oder links usw.

Der Raum unserer normalen, alltäglichen Wahrnehmung ist kein Raum der Geometrie. In diesem befinden sich die Dinge nicht oben oder unten, sondern sie haben lediglich einen bestimmten Abstand zueinander. Der geometrische Raum ist unpersönlich. Wahrnehmung ist aber subjektiv, und sie basiert auf kulturell definierten und gelernten Grunderfahrungen. Oben und unten haben deshalb für uns eine bestimmte Bedeutung.

Mit »oben« assoziieren wir zum Beispiel Leichtigkeit, Ferne und Erhabenheit. Mit »unten« hingegen verbinden wir Schwere und Nähe. Dies gilt genauso für die visuelle Wahrnehmung von zweidimensionalen Gestaltungen.

Heavy: Die Schwerkraft

Dass sich oben und unten für uns unterschiedlich und anders anfühlen, hat einen einfachen Grund: Auch in der Gestaltung wirken die Gesetze der Schwerkraft. Um ihr zu widerstehen, bedarf es einer Gegenkraft: Wir brauchen festen Boden unter den Füßen, um sicher zu stehen, wir setzen Muskeln in Bewegung, um uns fortzubewegen. Oben und unten sind von völlig anderer Qualität. »Durch die Übermacht der Schwerkraft wird der Raum, in dem wir leben, unsymmetrisch«, sagt der Wissenschaftler Rudolf Arnheim. Selbst dort, wo die Erdanziehung eigentlich außer Kraft gesetzt ist, greifen wir zu Gewichtsausdrücken. So haben wir für das Sein im Weltraum kein eigenes Wort, sondern umschreiben es als Mangel an Schwere, als die »Schwerelosigkeit«.

Auch bei der Analyse von Gestaltung ist das Gesetz der Schwerkraft immer mit zu berücksichtigen. Ein Gegenstand weiter oben platziert wirkt wichtiger als weiter unten. Er scheint völlig andere Eigenschaften zu haben, je nachdem, an welcher Position er sich befindet. Arnheim nennt dies die »Anisotropie des visuellen Raumes«. Sollen innerhalb einer Bildkomposition zwei geometrisch gleich große Gegenstände auch gleich schwer wirken, muss die Anisotropie durch eine Änderung der Größenverhältnisse ausgeglichen werden. Ähnliche Verhältnisse finden sich bei Linien und Flächen. Auch ihre Wirkung scheint sich an den alltäglichen Erfahrungen zu orientieren. Weil wir es zum Beispiel gewohnt sind, dass die Überwindung der Erdanziehung von uns einen Kraftaufwand verlangt und wir in der Regel von links nach rechts lesen und schauen, empfinden wir eine Diagonale, die mit der Blickrichtung von links unten nach rechts oben verläuft, als »aufsteigend«, mitunter sogar als »anstrengend«. Für Abwärtsbewegungen sind hingegen normalerweise keine Anstrengungen vonnöten. Wir müssen uns lediglich der Schwerkraft überlassen. Entsprechend nennt man die Linie von links oben nach rechts unten die »fallende Diagonale«.

Lesetipp:
Rudolf Arnheim,
Die Macht der Mitte
(Köln, 1996)

Die Mitte und das Zentrum

Ein besonderer Ort im Bild ist die Bildmitte. Die Mitte des Bildes entspricht dabei nicht der geometrischen Mitte. Tatsächlich empfinden wir einen Gegenstand dann als genau in der Mitte des Bildes liegend, wenn er sich circa 3 % über dem geometrischen Mittelpunkt befindet. Diejenigen Gegenstände, die sich exakt in der optischen Mitte des Bildes befinden, wirken sehr stabil und ruhig. Wie Arnheim gesehen hat, erregen sie die Aufmerksamkeit des Betrachters ganz besonders. So dient in religiösen Bildern die Mitte oft dazu, göttliche (ruhende) Macht herauszustellen. Werden Gegenstände, die für die Komposition wichtig sind, exzentrisch, also außerhalb der Mitte, platziert, entsteht hingegen eine besondere Spannung und Unruhe.

Von der Bildmitte unterscheidet Arnheim das Zentrum. Das Zentrum ist der Ort im Bild, an dem das größte Gleichgewicht zwischen den Bildelementen herrscht. Die einfache bildliche Gestaltung beginnt oft im Zentrum des Bildes: »Der Gestalter formt und verteilt die Elemente in Beziehung auf das Zentrum und bestimmt eben dadurch den Charakter und Beitrag jedes dieser Teile. Man kann sagen, dass jeder nicht in der Mitte platzierte Bestandteil eine Rechtfertigung für diese Abweichung braucht und dass er diese durch eine

ihm innewohnende Kraft erwirbt, die ihn deutlich von der Basis entfernt hält.« (Arnheim) Das Zentrum muss nicht durch ein Bildelement markiert sein. So kann sich zum Beispiel gerade im leeren Raum zwischen drei Bildelementen das eigentliche Zentrum der Darstellung entwickeln. Der Zwischenraum wird dann zu einer Art Gleichgewichtszentrum. So werden Bildelemente selbst zu Eigenzentren. Sie üben eine anziehende Wirkung auf andere Bildelemente aus. Je weiter sie aus ihrem Wirkungszusammenhang heraustreten, desto schwächer wird ihre Beziehung. Ihr Eigengewicht steigt, und es besteht die Gefahr, dass sie mit anderen Elementen, beispielsweise den Seitenrändern, eine engere Beziehung aufnehmen als untereinander. Das Gesamtbild gerät dann aus dem Gleichgewicht. Anders gesagt: Das Gleichgewichtszentrum droht zu verschwinden.

Die Grundachsen

Maßgeblich für unsere Wahrnehmung sind die Horizontale und die Vertikale. Sie bilden die Grundachsen der Wahrnehmung. Je stärker sich eine Bildkomposition an diesen beiden Achsen orientiert, desto ruhiger und ausgeglichener wirkt sie. Das bedeutet aber auch, dass eine Gestaltung damit an Spannung verliert und einen statischen Eindruck erwecken kann. Dynamik und Bewegung kommen

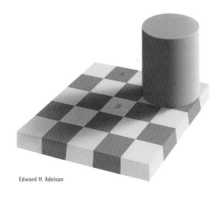

Edward H. Adelson

Optische Täuschung
Vergleichen Sie die Flächen A und B der obigen Darstellung von Edward H. Adelson. Ja, sie sind wirklich ganz genau gleich im Grauton!

Bildachsen

Betrachten wir die unterschiedliche Wirkung der Fotos unten: Das Querformat wirkt ruhiger als das Hochformat, die waagerechte Achse wird durch das Format unterstützt und so betont. Vergegenwärtigen wir uns die individuelle Wirkung solcher Bildachsen, die prinzipiell durch jede gestaltete Fläche (ob eine Website, ein Foto, eine Anzeige, ein Gemälde...) verlaufen, so bekommen wir ein differenzierteres Verständnis: Aktives Analysieren hilft, die Bildwirkungen zu ergründen, und dieses Wissen macht das eigene Gestalten bewusster.

vor allem durch schräge Linien zustande. Jede Abweichung von den Grundachsen (waagerecht und senkrecht) unserer Wahrnehmung erzeugt Spannung und Unruhe.

Horizontale und Vertikale unterscheiden sich in ihrer Wirkung grundlegend. Arnheim erklärt dies damit, dass die Vertikale die Dimension des Betrachtens ist, während die Horizontale den Bereich der Tätigkeit darstellt. Klar, um zu handeln, müssen wir uns im Verhältnis zum betrachteten Gegenstand »auf Augenhöhe« befinden. Wir teilen dann mit ihm dieselbe Horizontale. Wahrnehmung ist stets die Wahrnehmung einer Gesamtheit, eines Ganzen. Einzelne Gegenstände heben sich zwar von ihrem Hintergrund ab, doch bleibt dieser in der Wahrnehmung fortwährend präsent. Was wir sehen, ist immer vollständig und geordnet: Ein Würfel wird uns nie mehr als drei Seiten gleichzeitig zeigen, und dennoch wissen wir, dass er sechs Seiten hat. Eine gestrichelte Linie nehmen wir nicht als eine Reihung von Punkten, sondern eben als Linie wahr.

Mehr, als tatsächlich da ist

Die Gesetze, nach denen sich die Elemente unserer Wahrnehmung zu einem vollständigen und geordneten Ganzen organisieren, sind das Hauptthema der Gestaltpsychologie.
Der berühmte Satz »Das Ganze ist

mehr als die Summe seiner Teile« kann dabei als Hauptsatz der Gestalttheorie angesehen werden. Die Gestaltgesetze sind von großer Bedeutung für Fragen der Bildkomposition und des Bildaufbaus.

Je besser man sie anzuwenden weiß, desto leichter fällt es dem Betrachter, Objekte zu erkennen und sie von anderen zu unterscheiden. So kann eine ganz bestimmte Wirkung beim Betrachter erzielt werden. Genau das wollen wir schließlich ...

Die Gestaltpsychologie nennt dies das Prägnanzprinzip oder auch das »Gesetz der guten Gestalt«. Bei dem Prägnanzprinzip kommt die Figur-Grund-Unterscheidung zum Tragen (also die klare Definition: Was ist Objekt und was ist Hintergrund).

Denn eine Darstellung ist umso prägnanter, je deutlicher sich die Figuren vom Hintergrund abheben. Lässt sich nicht klar zwischen Figur und Hintergrund unterscheiden, wird die Wahrnehmung mehrdeutig. Räumliche Bezüge, die wir aufgrund unserer Seherfahrung zuordnen, stimmen plötzlich nicht mehr. Bei Gleichwertigkeit von Vorder- und Hintergrund wirkt die Darstellung flach.

Gestaltgesetze

Die Zahl der Gestaltgesetze ist nicht festgelegt, in der Forschung werden bis zu 114 Gesetze diskutiert! Gut. Aber mit den nun folgenden sieben

Gesetzen lässt sich eigentlich schon sehr vieles erklären:

1. Gesetz der Nähe: Elemente, die nahe beieinander liegen, scheinen auch inhaltlich zusammenzugehören.

2. Gesetz der Ähnlichkeit: Ähnliche Elemente scheinen stärker zusammenzugehören als einander unähnliche.

3. Gesetz der Geschlossenheit: Fehlende Elemente, zum Beispiel bei einer gestrichelten Linie, werden in der Wahrnehmung ergänzt.

In der bildlichen Darstellung kommt dieses Gesetz immer dort zum Einsatz, wo ein Gegenstand nicht vollständig abgebildet ist, sondern zum Beispiel über den Bildrand hinausragt. Das »Gesetz der Geschlossenheit« kann auch in der Weise verstanden werden, dass vollständige Figuren stärker hervortreten als lückenhafte.

4. Gesetz der Symmetrie: Elemente in symmetrischer Anordnung sind prägnanter als asymmetrisch angeordnete.

5. Gesetz der Kontinuität: Kontinuierliche Formen erscheinen als Einheit. Selbst geschwungene Linien werden meist so wahrgenommen, als folgten sie dem einfachsten Weg.

6. Gesetz der Erfahrung: Bei jeder Wahrnehmung greifen wir auf Erfahrungen zurück. Wir erwarten etwas, und selbst ein objektiver Fehler in der Darstellung wird deshalb von uns leicht übersehen. So ist auch eine verzerrte Darstellung bis zu einem gewissen Grad verständlich.

7. Gesetz der gemeinsamen Bewegung (oder des gemeinsamen Schicksals): Vor einem ruhigen Hintergrund werden Objekte, die sich gleichzeitig bewegen oder verändern, als Einheit wahrgenommen.

Um schnell wahrzunehmen, bilden wir beim Betrachten »Sinneinheiten«, also Gruppen von Elementen, die zusammenzugehören scheinen.

Dies erleichtert und beschleunigt den Vorgang, das Gesehene zu verstehen. Falsche Gruppenbildung ist der häufigste Fehler bei nicht wirklich durchdachter Komposition – ab sofort ein vermeidbarer Fehler!

Dazu ein Beispiel: Wenn Sie die beiden Fotos rechts vergleichen, werden Sie feststellen, dass die obere Komposition den Blick länger fesselt als die untere.

Denn bei der unteren Komposition führen mehrere fallende Schrägen (von links oben nach rechts unten) dazu, dass das Auge das Bild schnell wieder verlässt.

Neu sehen lernen – beginnt hier!

So weit einige Einblicke ins Neusehland, in die Welt der Wahrnehmung. Jetzt kommt Farbe ins Spiel!

Vierzeh

Von Farben und Emotionen

United Colors of ... life

Der strahlend blaue Himmel, die blendend weißen Zähne, der kirschrote Kussmund, das satte Grün einer Wiese: Farben lenken und bestimmen unsere Wahrnehmung. Und das ganz direkt, gleich auf den ersten Blick. Farben sind Verstärker: Sie verstärken Wirkung, sie senden Botschaften. Der total rote Apfel wirkt eben noch knackiger als der nur einfach rote.

Aber auch auf den zweiten Blick senden Farben Botschaften: auf der metaphorischen Ebene der Sprachbilder. So wecken Farbe und Buntheit positive Assoziationen und Stimmungen, während graue Farbgestaltung zunächst einmal düster und monoton wirkt.

Farbe ist ... vor allem ein Geschmacksverstärker

Farben wirken unmittelbar emotional. So lassen sich den verschiedenen Farben klare Temperamente zuordnen. Das bringen bestimmte Farbnamen bereits zum Ausdruck: Feuerrot, Eisblau, Aschgrau. Wenn man ein und denselben Gegenstand mit unterschiedlichen Farben einfärbt, wird er jeweils eine andere emotionale Wirkung erzielen, eine andere Aura bekommen.

Es gibt Farben, die verstärken gezielt Sinneserlebnisse, zum Beispiel den Geschmack eines Produkts. Das macht sich die Lebensmittelindustrie zunutze und achtet beim Design eines Produkts und bei der Verpackung bewusst auf die Farbgebung. Farben verstärken sogar die akustische Wahrnehmung. Eine aktuelle Studie beweist, dass Züge und Maschinen in roter Farbe lauter wahrgenommen werden als in einer anderen Farbe – obwohl in der Versuchsanordnung die getesteten Maschinen und Züge identische Dezibelwerte erzielten.

Johann Wolfgang von Goethe
– dem wir ja auch eine komplette Farbentheorie verdanken – prägte zu diesem Thema sein berühmtes Sprachbild:
»Grau, mein Freund, ist alle Theorie und grün des Lebens holder Baum.«

Claude Monet
einer der Farbkünstler des französischen Impressionismus, beschäftigte sich sein Leben lang mit Licht und Farben.
»Formen existieren nur durch Licht (und damit Farbe), und die Wahrnehmung unserer Umgebung hängt völlig davon ab.«

Aber: Rot ist lauter als zum Beispiel Blau. Die Redensart im Grafikatelier: »Das ist zu laut!«, »Das ist zu leise!« basiert also auf wissenschaftlicher Grundlage. Schreiende Farben empfinden wir tatsächlich lauter.

Im ersten Schritt kommt es darauf an, mit Farbe bewusst zu gestalten und ihre emotionalen Botschaften gezielt einzusetzen.

Strom ist gelb, Seife grün – die Farbwelten

Produkte existieren in unterschiedlichen Farbwelten. Seife ist blau-grünlich, Kekse sind braun. Einen grünen Kuchen würde niemand essen. Die Qualität von Lebensmitteln erkennen wir auch an der Farbe.

Im Supermarktregal gewinnt oft dasjenige Produkt, dem es gelingt, Aufmerksamkeit und Genuss zu kommunzieren. Ebenso ist die Atmosphäre im Verkaufsraum ein ausgeklügeltes System aus Farben, Formen und Licht. Hier werden Wünsche und Bedürfnisse geweckt. Laden- und Messebauer erarbeiten Farbkonzepte für die perfekte Inszenierung von Ausstrahlung und Genusserlebnis.

Farben schaffen Orientierung – Leitsysteme, Rubriken, Informationshierarchien und Produktfamilien werden oft farblich voneinander getrennt.

Farben markieren Konzepte und Marken: Die lila Pause, der gelbe Yello-Strom, das goldene Becks-Bier – das sind Konzepte, die sich über die Farbe bilden und differenzieren. Bei der Biersorte Gold hat sich ein regelrechter Geschmackstrend ausgebildet, mittlerweile haben alle großen Biermarken eine Gold-Variante – ein besonders mildes, nicht so stark gehopftes Bier.

Blauer Dunst:
Die Marke NIL ist ganz in Blau gehalten.

Video-Tipp:
Musikvideo von »Coldplay« Speed of Sound
Schönes Beispiel für ein hervorragend umgesetztes Farbenkonzept ist das Musikvideo »Speed of Sound«. Schritt für Schritt wird der Auftritt fabriger und bunter. Gut dosiert wird das ganze Farbspektrum musikalisch »ausgeleuchtet«. Passend dazu das Booklet und Cover der CD »X&Y«.

Eine konsequente Farbgestaltung in der Kommunikation verfolgt zum Beispiel die Marke NIL – hier ist alles durchgängig in Blau gehalten, von der Verpackung bis in die Anzeigen und Internetseiten. Ein ganz besonderer blauer Dunst!

Allez les bleues!

»Das Magenta-Team auf dem Vormarsch!«, »Allez les bleues!«, »Die roten Teufel vom Betzenberg«, Rot-Weiß Essen – das sind Farbkonzepte im sportlichen Umfeld. Hier wird die Identität des Sportvereins über Farbe kommuniziert.

Tipps: Gestalten mit Farben

Sensibilisieren Sie sich für Farbe.
Entdecken Sie Farbe als konzeptionelles Element der Gestaltung.
Setzen Sie Farbe ganz bewusst und gezielt ein.
Erkennen und steuern Sie Farbharmonien.
Arbeiten Sie mit der Wirkung der Farbkontraste.

Aber:
Treiben Sie es nicht zu bunt!

Viele Farben auf einmal erzeugen schnell ein zu »buntes« Bild, das vom eigentlichen Bildmotiv und der Bildaussage ablenkt.
Ein sensibilisierter Blick und ein gutes »Bauchgefühl« leisten hier gute Dienste für eine aufmerksamkeitsstarke Gestaltung mit Farbe. Dabei spielen die Kontrastwirkungen eine entscheidende Rolle.

Unser Kontrastprogramm

Die Kombination von Farben und der gezielte Einsatz von Kontrasten sind ein erlernbarer und bewusster Prozess. Wichtig sind in unseren Augen folgende Kontraste:

Komplementär-Kontrast

Zwei im Farbkreis gegenüberliegende Farben erzeugen den größtmöglichen farblichen Gegensatz. Gleichzeitig stellt ihre Summe eine »Ganzheit« dar, die das Auge als angenehm empfindet.

Warm-kalt-Kontrast

Rötliche Farben empfinden wir als warm. Mit blauen und grünlichen Farbtönen assoziieren wir Kälte. Kombiniert man eine warme mit einer kalten Farbe, ergeben sich spannende Kontraste. Wichtig werden Warm-kalt-Kontraste dann, wenn man Tiefe und Räumlichkeit erzeugen möchte. Warme Farben scheinen intuitiv als »näher«, sie rücken eher in den Bildvordergrund, während kalte Farben als »weiter weg« empfunden werden (Farb-Luft-Perspektive).

Hell-dunkel-Kontrast

Eigentlich kein Farbkontrast – aber für die Gestaltung unbedingt erforderlich. Jede Grundfarbe – und in der Folge jede beliebige Farbnuance – hat einen spezifischen Helligkeitswert. Diesen sollte sich ein Gestalter stets vergegenwärtigen. Die Kombination heller und dunkler Flächen bildet ausdrucksstarke Kontraste und ermöglicht so eine gezielte Betonung innerhalb der zu strukturierenden Fläche.

Quantitätskontrast

Es gibt Farben, die uns mehr »ins Auge fallen«, die stärker »strahlen« als andere: Eine kleine Fläche Gelb hat zum Beispiel das gleiche optische Gewicht wie eine deutlich größere Fläche Violett. Es gibt keine Faustregeln, die angeben, in welchem Mengenver-

Warm-kalt, hell-dunkel, Qualität *

Warm-kalt, Quantität **

Komplementär, hell-dunkel ***

Komplementär, hell-dunkel, Qualität ****

* Kees van Dongen, 1905
** Henri de Toulouse-Lautrec, 1896
*** Mary Cassatt, 1893/94
**** Diego Velázques, 1641

Yello Strom (»Strom ist Gelb!«) und wüstenrot sind Marken, die sich jeweils über ein Farbkonzept definieren.

hältnis zwei Farben kombiniert werden sollten, um zu einem ausgeglichenen – und damit harmonisch-angenehmen – Ergebnis zu gelangen. Probieren Sie es einmal aus!

Qualitätskontrast

Der Qualitätskontrast basiert auf dem Kriterium Farbqualität oder »Buntgrad«: Farbtöne, die (fast) gar keine Anteile der beiden unbunten Grundfarben Weiß und Schwarz aufweisen, haben einen hohen Buntgrad, gelten als gesättigt. Im Gegensatz dazu werden Farbtöne mit einem hohen Anteil an Weiß und Schwarz als »stumpf« oder »gebrochen« bezeichnet. Kombinationen aus gesättigten und gebrochenen Farben ergeben interessante Kontraste, die ähnlich wie die Warm-kalt-Kontraste wichtig beim Kreieren von Räumlichkeit sind: Gesättigte Farben scheinen stets mehr in den Vordergrund zu drängen.

Simultankontrast

Ein blauer Fleck auf einer gelben Hintergrundfläche wirkt anders als derselbe blaue Fleck auf einer violett-rötlichen Fläche. Weil Farben nie isoliert, sondern immer in Beziehungen zueinander wahrgenommen werden, wirkt ein Farbton unterschiedlich, wenn sich die Umgebungsfarbe ändert.

Wer sich längere Zeit und intensiv mit Farbwirkungen auseinander setzt, entwickelt automatisch ein »gutes Bauchgefühl«. Gerade hier gilt es sich zu sensibilisieren, um eben nicht mehr nur Blau, Gelb oder Grün unterscheiden zu können.

Es hilft, sich die jeweiligen Stimmungen zu vergegenwärtigen. Wie unterscheidet sich Morgenlicht von Abendsonne? Morgens sind die Töne blauer, kälter, abends rötlicher und wärmer. Stellen Sie sich ein »frisches« Frühlingsgrün und ein »sattes« Spätsommergrün vor. Wie unterscheiden sich diese Farben? Welches Grün enthält mehr Blauanteile?

Harmonie ist schön – aber auch ganz schön langweilig!

Wie in der Musik, so gibt es auch in der Farbenwelt bestimmte Kombinationen, die unseren Augen mehr schmeicheln als andere; dies sind die harmonischen Kombinationen. Wir empfinden sie meist als eingängig, rund, angenehm, sympathisch, leicht konsumierbar. Zu viel davon kippt aber auch schnell ins allzu Brave. Disharmonische Kombinationen erzeugen starke Reibung – das tut zuweilen gut und kann konzeptionell gewollt sein.

Bei der Gestaltung sollte man deshalb versuchen, beides – Harmonie und Reibung – als Stilmittel einzusetzen. Für das große Ganze, für gesteuerte Aufmerksamkeit in der Gesamtkomposition.

Buntesrepublik!

Entdecken Sie die Farbe für sich – nicht nur als rein ästhetisches Mittel, sondern als Konzeptionselement. Mit Farbe konzeptionell zu gestalten heißt: die verstärkende Wirkung von Farben systematisch einsetzen. In der Konzeption von Marken werden Farbwelten und Hausfarben definiert. Sie beschreiben den Rahmen, in dem jeweils Farbe und Farbtöne eingesetzt werden können. In der Summe ergibt sich so ein klares Farbklima für eine Marke, das hilft bei der Profilierung und Differenzierung des kommunikativen Auftritts. Ein Blick in die CD-Manuals zeigt, was gemeint ist. Eine Stufe weiter gehen die Farbkonzepte, die eine Marke oder ein Unternehmen vordergründig mit einer Farbe oder einem Farbraum prägen. Damit sind natürlich auch spezifische Bildauffassungen gemeint, die mit Farbräumen und Lichträumen gezielte Wirkung und Persönlichkeit erzeugen. Eines der populärsten Markenkonzepte mit Farbe ist Yello Strom.

Mehr Farben, als wir sehen können
Im Prinzip sind wir alle farbenblind, denn es gibt unendlich viele Farben:
Das für das menschliche Auge sichtbare Licht ist nur ein kleiner Ausschnitt aus dem Spektrum der elektromagnetischen Wellen. Wir sehen Licht mit einer Wellenlänge von circa 400 Nanometern (violettes Licht) bis zu 700 Nanometer (rotes Licht).
Ein Nanometer ist ein Milliardstel Meter. Andere Lebewesen wie Schlangen und Bienen können auch im ultravioletten oder im infraroten Bereich farbig sehen.
Die menschliche Farbwahrnehmung ist ursächlich mit der spezifischen Lichtsituation verbunden, und da sich diese permanent verändert, bestimmen die so genannten Lichtfarben die Erscheinungsfarben.

Galerie der Farbe:
Farbe wahrnehmen und sich ihrer emotionalen Wirkung bewusst werden – das schafft einen neuen Blickwinkel.
Bunt oder monochrom?
Jede Farbe erzeugt Assoziationen, und je klarer wir erkennen, warum diese Stimmung anders ist als jene, desto besser für unsere Gestaltfähigkeit.

Erfühlen Sie die Farbstimmung!

Das Kaleidoskop wird geöffnet

»Zum Leben braucht der Mensch die Farbe«, sagte der Maler Fernand Léger, und in der Tat schwimmen wir täglich in einem Meer von Farben. Mit bestimmten Farben assoziieren wir bestimmte Erinnerungen, Situationen, Vorstellungen und Gefühle. Farben haben daher – genau wie Musik – zweifelsohne großen Einfluss darauf, wie wir die Dinge bewerten, die wir zu Gesicht bekommen. Sie üben diesen Einfluss viel direkter, intuitiver und umfassender aus, als Worte es je könnten, und sind deshalb von besonderem Interesse. Denn unser Ziel lautet ja, den Kommunikationsnebel zu durchbrechen und einen Sonnenstrahl hindurchzulassen, der wie ein Spotlight genau die Insel bescheint, auf der wir unser (mediales) Produkt platziert haben – am besten in Farbe.

Vom Licht ...

Was ist das überhaupt: Licht? Farbe? Licht ist – physikalisch gesprochen – elektromagnetische Strahlung, die von der Sonne – oder auch von künstlichen Quellen – ausgesendet wird. Diese elektromagnetische Strahlung tritt stets in Wellen auf, wobei die Länge der Wellen stark differiert: Es gibt Wellen, die nur wenige Nanometer lang sind (ein Nanometer = ein Milliardstel Meter); andere messen viele Kilometer. Für uns sichtbares Licht ist elektromagnetische Strahlung mit einer Wellenlänge von 400 bis 700 Nanometern.

Warum die Banane gelb ist

Farbe hat auch eine rationale, physikalisch beschreibbare Grundlage. Neben den übrigen Eigenschaften, mit denen sich Dinge beschreiben lassen (fest-flüssig, dick-dünn usw.), besitzt jedes Ding auch ein spezifisches Licht-Absorptionspotenzial.

Das bedeutet, dass jeder Gegenstand Licht einer bestimmten Wellenlänge absorbiert (»verschluckt«), während Licht einer bestimmten anderen Wellenlänge reflektiert (»zurückwirft«) wird. Eine Banane beispielsweise absorbiert den Großteil des sichtbaren Lichts und reflektiert nur Licht mit einer Wellenlänge um die 600 Nanometer, was bei uns die Farbempfindung gelb hervorruft.

Farbe passiert im Kopf

Jeder Gegenstand reflektiert also ein für ihn spezifisches Spektrum an Wellenlängen. Hier endet dann aber auch die Objektivität, denn in der Physik gibt es keine Farben: Farbe ist, was in unseren Köpfen passiert! Die Zuweisung eines Farbadjektivs zu einem bestimmten Gegenstand ist auf individueller Ebene nicht objektiv. Denn: Zwei Menschen, vor dieselbe farbige Fläche gestellt, könnten zu unterschiedlichen Auffassungen darüber gelangen, ob diese Fläche eher rötlich oder bräunlich ist.

Die Zuweisung eines Farbadjektivs zu einem bestimmten Gegenstand ist auf sprachlicher (gesellschaftlicher) Ebene nicht objektiv. Denn: Nicht zwischen allen Sprachen gibt es eine 1:1-Entsprechung wie zwischen Deutsch und Englisch (blau–blue, gelb–yellow usw.). Beispielsweise gibt es auf Kymrisch (die Sprache der Waliser) ein Farbadjektiv »llwyd«. »Llwyd« deckt sowohl Licht der Wellenlängen ab, die wir als braun bezeichnen würden, als auch einen Teil der Wellenlängen, die wir als grau bezeichnen würden.

Farben sind keine fixen Größen, sondern sie variieren permanent aufgrund der sich ändernden Lichtverhältnisse.

Farben sind keine allein stehenden Größen, sondern sie beeinflussen sich gegenseitig: Eine rote Fläche vor weißem Hintergrund sieht anders aus als genau das gleiche Rot (genau dieselbe Wellenlänge) vor schwarzem Hintergrund.

Forschung in Farbe

Seit der Antike, ab dem 5. Jahrhundert v. Chr., beschäftigen sich die Menschen wissenschaftlich mit dem Phänomen Farbe. Den Philosophen Aristoteles und Platon galten Schwarz und Weiß ebenso als Farben wie Rot oder Gelb. Purpur stellten sie sich als Mischung von Schwarz mit Rot und Weiß vor. Im Mittelalter änderte das Denken seine Richtung: Farben waren hier nicht mehr nur durch ihre Buntheit charakterisiert, sondern auch durch ihre Helligkeit. Die Extreme waren dabei Weiß und Schwarz. Leon Battista Alberti (1404–1472) entwickelte ein Farbmodell, in dem die vier Farben Rot, Gelb, Grün und Blau in der Mittelebene einer Doppelpyramide sitzen. Sein Farbmodell war Teil seiner 1435 erschienenen Schrift »Della pittura« (Über die Malerei) – ein Meilenstein, denn mit dieser Schrift wurde die (farbige) Malerei als Wissenschaft begründet.

Auch für Leonardo da Vinci (1452 bis 1519) war Malerei Wissenschaft: In seinem »Trattato della pittura« legte er seine vielen optischen und perspektivischen Beobachtungen dar: beispielsweise, dass Farben durch verschiedene Hintergründe unterschiedlich wirken. Er beschrieb die Komplementärfarben und entwickelte Farbharmonien. Er reihte die einfachen Farben (»colori semplici«) in der Folge Weiß, Gelb, Grün, Blau, Rot und Schwarz hintereinander. Schwarz und Weiß waren für ihn zwar keine richtigen Farben, aber in der Malerei die Grundlage. Das Blau entstand bei ihm aus »Finsternis« und »Licht«. Neben diesen sechs einfachen (psychologischen) Farben definierte da Vinci die

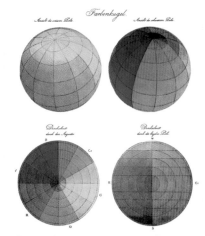

Farbenkugel nach Runge:
Die Pole sind schwarz und weiß.

Farbkreis und Farbstern nach Itten,
Primärfarben: Gelb, Blau und Rot

»natürlichen« Farben, zu denen er auch »Ocker« und »Brombeerrot« zählte.

Isaac Newtons (1642/43–1727) Überlegungen wurzelten in der spektralen Zerlegung des Lichts, er definierte die sieben Spektralfarben als reine Farben, aus denen zusammengesetzt wiederum das Weiß entsteht. Er suchte lange nach einer Analogie zur Tonleiter, die ja auch aus sieben Schritten besteht. Dass die beiden Enden des Spektrums in sich zusammenlaufen und einen Kreis bilden, ist ebenfalls eine Entdeckung Newtons. So kam Newton zu einem (zweidimensionalen) Farbkreis mit unterschiedlich großen Segmenten für jede Farbe, je nach Breite und Intensität im Spektrum. Im Unterschied zu da Vinci und Alberti, die sich der Wirkung von Farbe widmeten, untersuchte Newton die physikalischen Aspekte, stellte Gesetze für die Reflexion auf und suchte nach einer Erklärung für die unterschiedliche Brechung der Spektralfarben.

Johann Wolfgang von Goethes (1749 bis 1832) Farbenlehre konzentrierte sich wieder auf die Wirkung von Farben. Er behandelte Farbkompositionen ebenso wie chemische Farben, Farbwahrnehmung von Tieren und Farbwahrnehmungsfehler beim Menschen. Weiß und Schwarz sah er nicht als Farben an, sondern als »Effekte des Lichtes«, und er ordnete Gelb als die dem Weiß verwandte Farbe ein

sowie Blau als Farbe, die an Schwarz erinnere. Diese zwei Farben bildeten Gegenpole, dabei markierte Gelb den Pluspol und Blau den Minuspol. Diesen Polen schrieb Goethe dann verschiedene Eigenschaften zu wie »Licht, Kraft, Nähe« für Gelb und »Beraubung, Schatten, Schwäche, Ferne« für Blau. Dieser Denkansatz erinnert stark an die Yin-Yang-Symbolik des fernen Ostens. Goethe beschäftigte sich ebenso mit der sinnlich-sittlichen Wirkung der Farben und legte somit die Basis für die heutige Farbpsychologie. Er beschrieb Farben, die »edel«, »schön« oder »nützlich« wirken, sowie Farbkompositionen, die zum Beispiel »mächtig« oder »glänzend« wirken. Gegenüberliegende Farben seien harmonisch, im Dreieck zueinander angeordnete charakteristisch, nebeneinanderliegende charakterlos, wobei er letzteren noch ein kaum merkbares Fortschreiten zuerkannte. Der Maler Philipp Otto Runge (1777 bis 1810), ein Zeitgenosse Goethes, nannte diese Kompositionen entsprechend: harmonisch, disharmonisch und monoton. Das Ergebnis seiner Forschungen war eine Farbenkugel mit den fünf Grundfarben Schwarz, Weiß, Gelb, Rot und Blau. Die drei letzteren legte Runge zusammen mit Orange, Violett und Grün als Übergänge zwischen Rot, Gelb und Blau auf den Äquator. Nach innen hin mischen sich die Farben zum Grau, das im Zentrum liegt, zu den Polen hin mischen sich die Farben mit Weiß beziehungsweise Schwarz.

Untersuchungen von Johannes Itten (1888–1967) beleuchteten vor allem Farbharmonie und Kontraste. Itten war Lehrer am Bauhaus und entwickelte die Theorie der Farbtypen. Er ging dabei von drei Primärfarben, Gelb, Rot und Blau, aus und ordnete sie in einem Dreieck an. An die gemeinsame Kante von zwei Farben fügte er jeweils die zugehörige Mischfarbe an, so dass ein Sechseck entsteht. Und darum ordnete er einen Kreis mit diesen sechs Farben plus den sechs dazwischenliegenden Mischfarben an. Farbharmonie entsteht nach Itten, wenn Ausgewogenheit zwischen Farben herrscht. So kann zum Beispiel eine Farbe durch ihre komplementäre Farbe harmonisiert werden. Die jeweils zusammenpassenden Farben nannte Itten Zwei-, Drei- oder Vierklänge. Er definierte auch die Farbkontraste und zählte sieben verschiedene Kontrastwirkungen. Auf Itten geht die Zuordnung von Farbpaletten zu bestimmten Menschentypen zurück, die er nach den Jahreszeiten benannt hat.

Die Farbsonne

Das aktuell meistgenutzte Farbmodell geht auf Harald Küppers (geb. 1928) zurück. Er hat den so genannten Farb-Rhomboeder entwickelt, eine Art dreidimensionaler Farbkörper. Die Grunddimensionaler Farbkörper. Die Grundfläche ist aber nicht wie beim Würfel ein Quadrat, sondern ein Parallelogramm. Der Rhomboeder bildet den gesamten Farbraum ab. Jede beliebige Farbnuance kann hier korrekt und exakt wiedergefunden, ihre Position im Rhomboeder mathematisch beschrieben werden.

Mehr Überblick und schnellen Durchblick gibt Küppers zweidimensionale Farbsonne. Sie besteht aus zwölf Strahlen, auf deren Abstufungen Spektralfarben platziert sind. Auf einem Strahl befinden sich immer Farben gleicher Buntart. Komplementärfarben liegen sich gegenüber.

Urfarben

»Farbe ist immer und ausschließlich die Sinnesempfindung des Betrachters, denn es gibt keine Farbe, wo kein Betrachter vorhanden ist, der über ein intaktes Sehorgan verfügt.« (Küppers) Die Sehzellen in der Netzhaut des Auges, die für das Farbensehen verantwortlich sind, heißen Zapfen. Es gibt drei Typen von Zapfen, die jeweils nur einen Teil des für den Menschen insgesamt sichtbaren Lichtes wahrnehmen können:
Typ 1 ist zuständig für kurze Wellenlängen und übermittelt an das Gehirn die »Urfarbe Violettblau«, Typ 2, zuständig für mittlere Wellenlängen, übermittelt die »Urfarbe Grün« und Typ 3, zuständig für die langen Wellenlängen, übermittelt die »Urfarbe

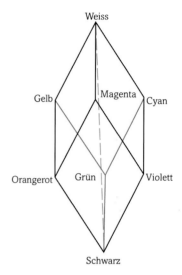

Rhomboeder nach Küppers

Farbsonne nach Küppers

115

Subtraktive Farbmischung:
Hier werden Farben physikalisch gemischt (CMY), die Mischung ergibt zusammen Schwarz.

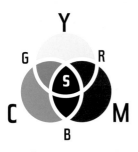

Additive Farbmischung:
Hier werden die Farben Rot, Grün und Blau (RGB) als Lichtfarben gemischt, die Summe ergibt Weiß.

VGO:
Das Küppers'sche Farbmodell vereint Subtraktion und Addition zu einer Synthese: Hier ergibt sich das komplette Farbspektrum aus acht Farben: sechs Buntfarben oder Primärfarben und zwei unbunte Farben (Schwarz und Weiß).

Orangerot«. Diese drei Urfarben sind die Basis aller anderen Farben. Andere Farben werden durch Mischung der Urfarben erzeugt.

Additive Mischung, RGB-Modell

Für unsere Bildschirm- und Druckarbeit sind zwei Farbsysteme entscheidend: RGB und CMY.

Das Phänomen »Additive Mischung« umgibt uns permanent. Es meint, dass die Urfarben Violettblau, Grün, Orangerot (VGO) in variierenden Anteilen addiert werden, um neue Farben, Mischungen, zu erhalten. Auch das oben beschriebene Prinzip, nach dem aus den Urfarben die Grundfarben entstehen, kann also als additive Mischung verstanden werden. Deshalb wird die additive Mischung auch als RGB-Modell bezeichnet: weil sie auf den Farben Rot, Grün und Blau basiert. Das Verfahren »additive Mischung« ist »der technologische Versuch, die Arbeitsweise des Sehorgans zu imitieren.« (Küppers)

Bei Fernseher, Laptop und Scanner wird die Farbenwelt mithilfe des RGB-Modells wiedergegeben.

Für die technische Umsetzung benötigt man zunächst drei Lichtquellen, die idealerweise genau einen Zapfentyp maximal und die beiden anderen Zapfentypen gar nicht stimulieren. Mit anderen Worten: drei Lichtquellen, welche die drei Urfarben unverfälscht aussenden. Zweite Be-

dingung ist, dass die Grundfarbe Schwarz als Basis und Hintergrund zur Verfügung steht. Dieses Schwarz kann zum Beispiel durch die Dunkelheit eines geschlossenen Raumes oder Fernsehkastens oder durch ein schwarzes Stück Papier gegeben sein.

Subtraktive Mischung, CMY-Modell

Die subtraktive Mischung ist ein Farbmodell, das hauptsächlich Farbe in Druck, Fotografie oder Malerei beschreibt.

»Die subtraktive Mischung ist das Gegenstück, die Kehrseite, gewissermaßen die komplementäre Gesetzmäßigkeit zur additiven Mischung.« (Küppers)

Also sollte es auch mit der subtraktiven Mischung möglich sein, jede beliebige Farbnuance zu kreieren. »Subtraktiv« impliziert, dass neue Farbnuancen durch Wegnehmen/ Ausschalten bestimmter anderer Farbbestandteile erzeugt werden. Wenn dieses Prinzip zur Anwendung kommen soll, braucht es als Ausgangsbasis die »Totale«, das absolute Maximum an Farbe. Folgerichtig ist die Ausgangsbasis der subtraktiven Mischung die Grundfarbe Weiß, denn reines Weiß ist ja nichts anderes als das Zusammentreffen aller drei Urfarben mit größtmöglicher Intensität.

Die subtraktive Mischung wird auch als CMY-Modell bezeichnet; Cyan, Magenta und Yellow stehen für die verwendeten Grundfarben. Beim Mehrfarbendruck, einer konkreten Umsetzung des Prinzips der subtraktiven Mischung, wird zusätzlich noch die Farbe Schwarz gedruckt (CMYK). K steht für Key.

Farben beschreiben und analysieren

Zum besseren Verständnis der Farbwelt hier noch einige Fachbegriffe:

Buntart

(früher Farbton, Buntton genannt) und Unbuntart (früher Grauton genannt)

Buntgrad

(früher Sättigung, Buntheit genannt) und Unbuntgrad (früher ebenfalls Sättigung, Buntheit genannt)

Cie-LAB

Ein von der Comission internationale de l'Eclairage 1976 veröffentlichtes mathematisches Farbmodell, das die Farben nicht durch drei Primärfarben, sondern durch eine Rot-Grün-Achse, eine Gelb-Blau-Achse sowie eine Helligkeitsachse beschreibt.

HSB-Farben

Gelegentlich nützlich beim Korrigieren von Farbbildern ist das HSB-Modell. Hier wird in einem Kanal der Farbton, in einem zweiten die Helligkeit und im dritten die Sättigung der Farbe beschrieben.

Farb-Management-Systeme

Jeder kennt das Problem: Am Bildschirm sieht ein Bild anders aus als im Ausdruck, und das gedruckte Resultat unterscheidet sich noch einmal. Farb-Management-Systeme stimmen die Farbwiedergabe einzelner Peripheriegeräte aufeinander ab.

Neid ist gelb

Nach diesen eher naturwissenschaftlichen Farbbeziehungen und ihren inneren Gesetzmäßigkeiten kommt nun ein Seitenwechsel: Denn Farben sind mehr als naturwissenschaftlich beschreibbare Materie. Farben lösen in uns Emotionen, Assoziationen aus, die bei der Generierung und Lenkung von Aufmerksamkeit von großem Wert sein können: Eine Taube oder ein simples Stück Stoff werden zu symbolischen Bedeutungsträgern, wenn sie weiß sind. Schwarz ist die Farbe des Todes, und Rot hat meistens Warnfunktion, obwohl Rot höchst unterschiedliche Assoziationen hervorrufen kann: Liebe, Blut, Feuer beispielsweise.

Farbe ist ein grundlegendes und entscheidendes Mittel in der Gestaltung. Es ist gut, die technischen Rahmenbedingungen zu beherrschen – beim konkreten Gestalten hilft das alles aber wenig. Hier führt nur eine geschulte Wahrnehmung zum Erfolg. Man muss sich der individuellen Wirkung einer Farbwelt wirklich bewusst sein.

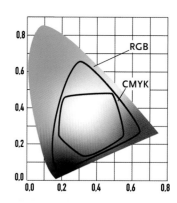

CMYK- und RGB-Farbräume
Der RGB-Farbraum ist größer als der des CMYK-Systems (Vierfarbdruck). Dies Diagramm beschreibt den Wahrnehmungsbereich des menschlichen Auges.

Lesetipps:
Harald Küppers,
Grundgesetz der Farbenlehre –
Harmonielehre der Farben
(Köln, 1998)

Tom Fraser, Adam Banks,
Farbe im Design
(Köln, 2005)

**Genug Farbe?
Dann spitzen Sie jetzt die Ohren.**

Haste Töne?

Vom Lauschen, Rauschen und anderem Tonangebenden

5

Der Ton macht das Konzept komplett

Ton und Schall sind mehr als nur reine Physik. Schwingungen sind Stimmungen: Sie kennen die berühmten »good vibrations«.

Sie signalisieren, wie es gerade läuft: im Unternehmen, zu Hause, im Leben. Schallwellen transportieren auch Emotionen – ganz pur und direkt. Keine andere Wahrnehmung ist so schnell und wird so emotional und rasch verstanden wie das Hören. Und vor allem: Kein anderer Sinn ist so universal. Klang und Musik werden überall und sofort, intuitiv »verstanden«. Während Zeichen und visuelle Systeme erst einmal decodiert und dechiffriert, also gelernt werden müssen, ist Klang ein universales Gestaltungsmittel: In Zeiten globaler Kommunikation kommt dem Klang allein schon von daher eine enorme Bedeutung zu. Und wir meinen, eine wachsende. Die Musikindustrie zeigt den Weg auf: Die Pop-Charts sind internationalisiert. Musik ist die universale Sprache der Menschheit, darin waren und sind sich klassische Musiker wie Yehudi Menuhin und Popstars wie Madonna oder Bono einig.

Noch etwas: Man kann nicht weghören! Klang, Geräusch und Musik werden wahrgenommen – ob man will oder nicht. Die Technik des Helden Odysseus, seine Ohren mit Wachs zu verkleben, um dem betörenden Gesang der Sirenen nicht zu verfallen, zeigt das: Weghören geht nicht!

So werden wir denn auch vielfältig akustisch »angesprochen«: Kein Kino ohne Dolby-Surround-System, keine TV-Sendung ohne Musik-Trailer, kein Spot ohne Jingle. (Denken Sie sich schnell einmal bei »Bacardi« den Song weg!) Kein Kaufhaus, kein Fahrstuhl und kaum ein Restaurant ohne Musikberieselung.

Sound ist jedoch nicht nur Musik, professionelles Sound-Design spielt etwa auch in der Produktgestaltung eine tragende Rolle: Kein Automobil ohne ausgeklügelte »Geräusche«: vom Zuschlagen der Tür bis hin zum Motorengeräusch. Und das berühmte Knacken beim Öffnen eines neuen Nutella-Glases ist akustisch inszenierte Vorfreude auf das süße Geschmackserlebnis! Auch das Rascheln einer Chipstüte oder einer Keksverpackung ist Teil des medialen Produkt- und Kommunikationskonzepts.

Die entstandenen neuen Technologien verstärken die Möglichkeiten, mit Sound zu arbeiten: Handys sind ein Beispiel. Und die wahre Flut der Handy-Klingeltöne zeigt, dass die Individualisierung eines Massenmarktes sehr gut über das Differenzierungsmerkmal »Sound« funktioniert.

Was heißt das für uns Konzeptemacher? Idealerweise klingt unsere Mediengestaltung. Sie ist »in tune« – vom Sound-Design des Produkts bis hin zur klanglichen Identität eines Unternehmens, vom Jingle bis zur spezifischen Musik in der Telefonwarteschleife. Unsere zentrale Frage lautet also: Wie kann man Sound und Klang in die Mediengestaltung einbeziehen? Allein das Nachdenken über diese Frage öffnet neue Gedankenräume. Spannend wird es vor allem dann, wenn wir uns Klänge und Sounds für Dinge überlegen, die auf den ersten Blick »stumm« sind, also nicht klingen: Speicherchips, Versicherungen, Mixgetränke … Doch das ist nur der erste Blick: Wer genauer hinsieht und hinhört, wird die Entdeckung machen, dass allem und jedem eine akustische Dimension innewohnt, man muss das schlafende Lied nur wecken!

Wie klingt ein Unternehmen?

Multisensorische Kommunikation ist das Erfolgskonzept für die aufmerksamkeitsstarke Gestaltung von Medien. Deshalb sehen ein Unternehmen oder eine Marke eben nicht nur aus, sie sprechen, riechen und klingen auch – alle Sinne sind im Spiel. Beim

Klingeltöne
Mehr als 40 % ihres Werbeumsatzes machen Musiksender wie VIVA oder MTV mit der Reklame für Handy-Klingeltöne. (Quelle: Der Spiegel, 37/05)

Sound-Logos
Übrigens, wenn allmorgendlich Millionen von Rechnern gestartet werden, erklingt das wohl bekannteste Sound-Logo der Welt: der Startton des MS-Betriebssystems Windows. Für die Apple-User gibt es den vertrauten Begrüßungs-Akkord.

Aufwachen!
»Schläft ein Lied in allen Dingen, die da träumen fort und fort, und die Welt hebt an zu singen, triffst du nur das Zauberwort.« (Joseph von Eichendorff)

Like ice in the sunshine ...

Mit dem Sommersong »Like ice in the sunshine«, aktuell in der Version von Shaggy, gibt Langnese als die Sommermarke den Ton an. Dabei nutzt Langnese die Kreativität seiner Kunden und lädt sie zum Beispiel auf der Website zum individuellen Mixen des Songs ein. Und manchmal erobert man dann sogar die Charts in Deutschland – wie das im Falle von Bacardi geschehen ist. Dass mit Werbesongs ganze Karrieren entstehen, belegt der Name Marla Glen. Sie verdankt ihren Erfolg schlicht der Tatsache, dass ihr Song »Believer« Mitte der 90er Jahre im C&A-TV-Spot eingesetzt wurde.

Hört, hört!

Ob der Baumarkt Hornbach (»Yiiipiayeahayaeh!«) oder McDonald's (»Ich liebe es!«) oder Audi (mit den verstärkten Herztönen am Schluss jedes Spots): die Marken machen Töne und machen von sich hören. Ob sehr, sehr einfach (wie die fünf Töne der T-Com) oder sehr komplex: Audio-Design ist ein dynamisch wachsender Zweig der Markenindustrie und des Brandings. Dabei macht man sich eine Gesetzmäßigkeit der menschlichen Wahrnehmung zunutze: Man kann wegsehen und wegzappen, aber nicht weghören! Hier bekommt man Aufmerksamkeit pur!

Webtipp

www.honda.co.uk/civic
Der Hondaspot »Choir« ist übrigens ein sehr gutes Beispiel für modernes virales Marketing. Der Spot verbreitete sich im Internet rasend schnell in der ganzen (Werbe-)Welt.

Klang gibt die T-Com den Ton an: Ihr akustisches Logo, die markante Fünfton-Melodie, verstärkt den Auftritt des Unternehmens. Der »Ohrwurm« durchzieht konsequent die Kommunikation im Funk, im TV und im Internet. Ein anderers Beispiel: die Württembergische Versicherung. Sie lässt ihr Schlüsselbild – den Fels in der Brandung – mit den weichen, weltberühmten Klavierklängen der »Gymnopedie« von Erik Satie klanglich übersetzen. Ganz konsequent findet sich diese Melodie auch in der Telefonschleife des Unternehmens: »Bei Anruf Satie!« Übrigens, die Telefonwarteschleifen sind ein noch nahezu unbestelltes Feld für kreative Sound-Konzepte. Bitte in Zukunft keine vorgefertigte »Kleine Nachtmusik« mehr! Nationale Biermarken wie Krombacher und Radeberger benutzen wie die Württembergische klassische Musik zur akustischen Verankerung der Marke. Andere entwickeln eigene Rocksongs.

Bekannt für ihr konsequentes Acoustic Branding sind Marken wie Bacardi und Langnese. Die Eismarke erfindet ihren Brandsong »Like ice in the sunshine« von 1986 immer wieder neu, indem berühmte Popkünstler wie Anastacia, Shaggy, No Angels, DJ Tommek oder Boss Hoss den Song für Langnese aufnehmen und auf ihre Weise interpetieren und covern. Interaktive Mischpulte auf der Website erlauben es den Fans, ihre Sommersongs selbst zu mixen. Ein ähnliches Verfahren wählt auch die Marke Fanta – hier wird der Sortenmix der Getränkemarke als Mix von Sounds spielerisch kommuniziert.

Akustische Markeninszenierungen wie der berühmte Hondaspot »Choir« zeigen, wie frisch und neu die akustische Umsetzung eines Markenkonzepts wirken kann. Wie ein Auto dynamisch durch die Straßen einer Stadt fährt, das hat man nun wahrlich tausendmal gesehen, aber mit dem Akzent auf die Akustik, umgesetzt durch einen Chor menschlicher Stimmen, das ist einmalig und neu!

Aktion Sorgenkind: Das Radio!

Bei dem Medium, das eigentlich für das Hören gemacht ist, dem Radio, ist aus werblicher Sicht allerdings noch viel zu tun: Radiospots stehen im Ansehen der Kunden und der Agenturen ziemlich weit unten. Wie anders ist es zu erklären, dass gerade Radiowerbung eher als lärmende Belästigung denn als gute Unterhaltung angesehen wird? Das ist aber genau die Chance: Es gibt viel zu tun und zu gewinnen – mehr Aufmerksamkeit, mehr Sympathie und vielleicht auch echte Lorbeeren, etwa in Form von goldenen ADC-Nägeln.

Song zum Film oder Film zum Song?

Nicht nur in der Werbung, auch in anderen medialen Feldern spielen Töne und Sound eine tragende Rolle: Wiederkehrende Jingles der Radiostationen oder der Erkennungssong einer TV-Sendung (zum Beispiel »Tatort« mit der Melodie von Klaus Doldinger) verdeutlichen, wie sehr Musik und Klang zentrale Botschaften kommunizieren und zur unverwechselbaren Kennung eines Medienkonzepts beitragen. Sound und Musik im Film sind sowieso extrem wichtig. Schon Klassiker wie »Casablanca« setzen als zentrales Element einen Song ein: »As time goes by« (»Spiel's noch einmal, Sam!«) ist Kult und längst Kulturgut. Das gilt auch für den Titel »Spiel mir das Lied vom Tod!« von Ennio Morricone. Soundtracks steigern die Qualität der Bilder, so etwa in dem Film »Apocalypse Now« von Francis Ford Coppola. Insbesondere die berühmte Szene mit dem »Ritt der Walküren« von Richard Wagner, ins Bild gesetzt mit Hubschraubern, führt den ganzen Wahnsinn des Krieges vor Augen – und vor Ohren! »Odyssey

Formatradio? Radio mit Format!

Im Zuge der Rationalisierung und der immer effizienteren Medienproduktion hat sich die Radiolandschaft radikal verändert. Das Zauberwort heißt »Formatradio«. Das ist das Konzept des exakt geplanten Programmverlaufs mit dem Ziel, möglichst viele Zuhörer zu erreichen und auf der eingeschalteten Frequenz zu halten. Und das im Dienste der Quote, denn nur so können Werbekunden gewonnen werden.

Das populärste Radioformat heißt AC (Adult Contemporary), erwachsenen Hörern zwischen 25 und 50 Jahren bietet es Rock- und Popmusik, ohne allzu abgefahren zu sein. Das AC-Format hat das größte und kaufkräftigste Hörerpotenzial und dominiert den deutschsprachigen Radiomarkt (Quelle: media-manual).

Das CHR-Format (Contemporary Hit Radio) wendet sich an die zweitgrößte Radio-Zielgruppe, die Jugendlichen. »Easy Listening« richtet sich an die wachsende ältere Zielgruppe.

Dadaismus fürs Ohr
Wie toll Funkspots sein können, zeigen die Klassiker von Bluna oder Jever. Witzig, einfallsreich und die Möglichkeiten des Mediums voll ausnutzend. Vorbilder beziehungsweise Vorhörer für eine neue Funkspotkultur. Die Spots des Jobportals monster.de sind ebenfalls Einstiege in Radiokonzepte, die gut gemacht sind und Geschichten erzählen.

2001«, »Blue Velvet«, »Blues Brothers«, »Men in Black«, die Filme von Jim Jarmusch mit der Musik von Tom Waits oder von Wim Wenders (»Paris/Texas«, »Buena Vista Social Club«) mit der Musik von Ry Cooder – für diese Filme und Regisseure ist Klang zum eigentlichen Markenzeichen geworden. Und zu einem zentralen Element der Vermarktung und der Kommunikation: »My heart will go on!« aus dem Film »Titanic« etwa erkletterte mühelos die Charts und promotete gleich in doppelter Hinsicht – nämlich den Film und den Song. Solche Doppel-Effekte stellen sich dann ein, wenn die Kommunikation wirklich multisensorisch konzipiert ist und multimedial kommuniziert werden kann.

Zuhören – ein neuer Trend

Einst ein reines Nischenprodukt, macht das Marktsegment der Hörbücher mittlerweile den am schnellsten wachsenden Produktbereich im Buchhandel aus: Zuhören ist in. Neue Techniken wie MP3 und Podcast ermöglichen darüber hinaus, selbst Material zum Zuhören zu kreieren und es online zu publizieren. So erlaubt uns die digitale Technik, schnell und einfach professionelles Soundmaterial zu erstellen – eigentlich unabhängig von Etatgrößen und Mediakosten! Zuhören ist der Trend, nutzen Sie das für Ihre Medienkonzepte, schaffen Sie Sound und Klang.

Die mit dem Knopf im Ohr

iPod- und MP3-Technik unterstützen den Menschen in seiner Mobilität: Unterwegs hören ist angesagt. Ob im Auto, in der Straßenbahn, beim Joggen oder beim Shoppen – alles geschieht mit dem »Knopf im Ohr«, den Mini-Earsets. Und längst ist das keine reine Angelegenheit der Jugendszene mehr: Auch hier verschwimmen die Grenzen zwischen Jung und Alt. Die große Chance für den Mediengestalter, seine Botschaften hörbar zu machen. Am besten in Form von prägnanten Leitmotiven, die man nicht mehr so schnell aus dem Ohr bekommt.

Das Leitmotiv – akustisch

Jingles, Erkennungsmelodien, akustische Stopper: akustische Gestaltung braucht die Ohrwürmer, die Hängenbleiber, die identifizierenden Sounds und Atmos. Sie sind der rote Faden für die Ohren. Hören wir kurz noch einmal in einen Film. Eine Schlüsselszene wird erst durch den Sound oder die Melodie, die unterlegt sind, zur Schlüsselszene – zum Leitmotiv. Es charakterisiert Szene, Handlung oder Person und ist untrennbar damit verbunden. Das Leitmotiv ist ein wichtiges Stilmittel in der multisensorischen Kommunikation. Es kann ein akustisches Gestaltungsmittel sein, aber auch als visuelles Leitmotiv (key visual) oder sprachliches Leitmotiv (Slogan) arbeiten. Ein Klassiker wie James Bond zeigt, wie das geht: Akustisch führt uns die weltberühmte Bond-Musik durch den Film. Immer, wenn Gefahr für den Helden droht, setzt die Musik ein – als Leitmotiv. Textliche Leitmotive machen den Charakter des Agenten, und zwar unabhängig vom jeweiligen Darsteller, deutlich und prägnant: Der Held stellt sich immer mit »Bond, James Bond« vor, seine Lieblingsgetränke (Martini »gerührt, nicht geschüttelt« und der »56er Dom Perignon«) sind ebenfalls Leitmotive seiner Existenz. Auch der Dresscode ist nahezu stabil und durchgängig: James Bond ist eine komponierte Figur aus definierten Leitmotiven.

Ein Schokoriegel mit einem akustischen Konzept: dem Brüllen eines Löwen.

Galerie der Töne
Hören Sie, was Sie sehen!
Sehen Sie, was Sie hören!
Bitte umblättern –
aber nicht zu laut!
Sensibilisieren Sie sich
für visuell inszenierte Töne!

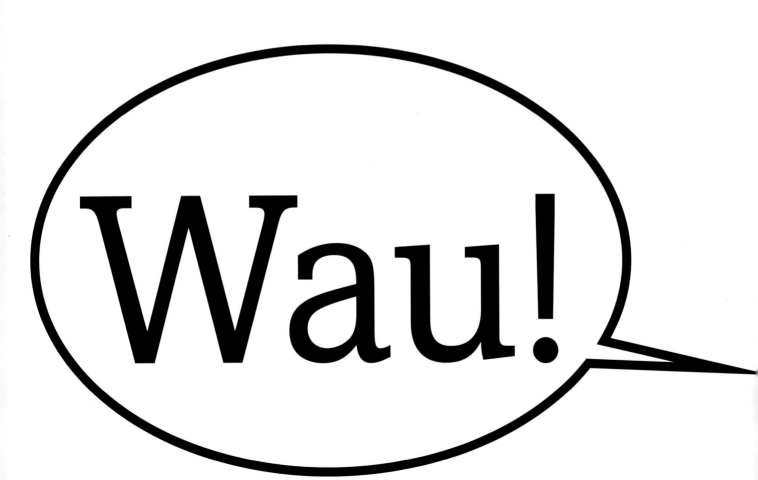

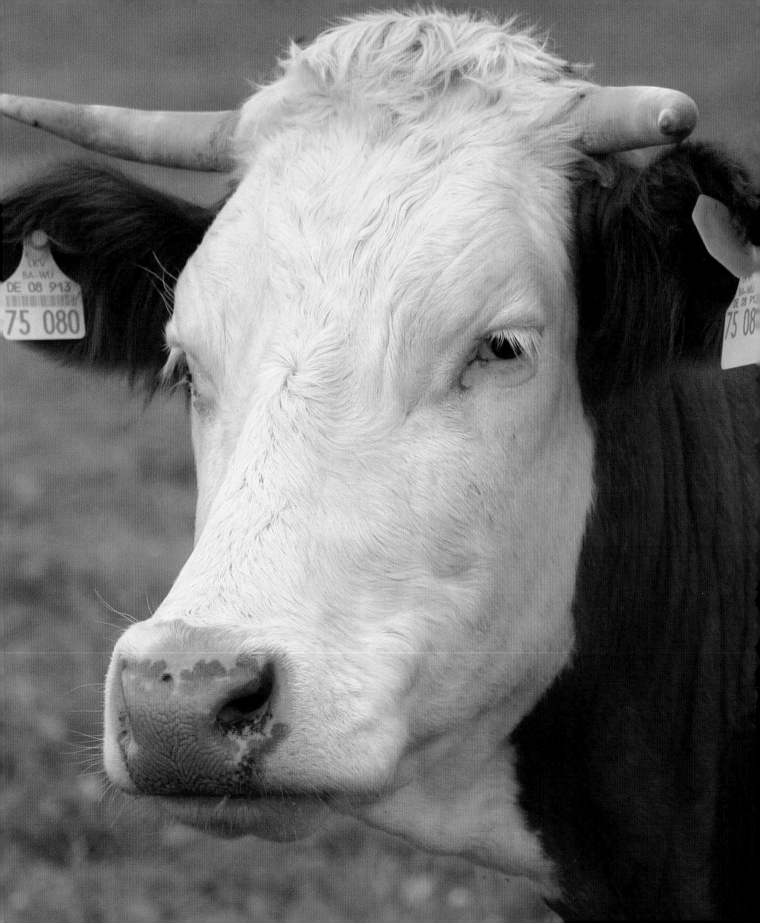

Piep, piep!

Was lebt, hört. Meistens jedenfalls. Viele Tiere haben Ohren, und jedes hört auf seine eigene Weise. Bei Heuschrecken sitzen die Ohren am Hinterleib, bei Zikaden an den Beinen und bei Mücken an den Fühlern. Einige Eidechsen- und Salamanderarten hören mit Brustkorb und Lunge. Schlangen und Robben hören auch, aber nicht mit äußeren Ohren, sondern mit Resonanzkörpern.

Selbst Pflanzen reagieren auf Klänge und Musik, mit Mozart wachsen sie angeblich am besten.

Die menschlichen Ohren nehmen Schwingungen von 16 Hertz bis 20.000 Hertz wahr, wobei im Alter das Hörvermögen insbesondere für hohe Frequenzen nachlässt. Tiere, etwa Elefanten, können noch tiefere Frequenzen wahrnehmen, den so genannten Infraschall. Delfine und Fledermäuse hören im Ultraschallbereich weit über 20.000 Hertz. Für sie hat der Hörsinn eine große Bedeutung: Beide stoßen hochfrequente Töne aus (bis 200 kHz) und orientieren sich anhand des Echos.

Hört, hört!

Die akustische Wahrnehmungskapazität des Menschen ist begrenzt. Mehr als zwei bis drei akustische Strukturen können nicht gleichzeitig bewusst verfolgt werden. Ein Gespräch, in dem sich mehr als drei Menschen simultan unterhalten, wird zum Gemurmel. Der Sounddesigner Walter Murch empfiehlt deshalb, unterschiedliche Arbeits- und Konzeptebenen zu etablieren. Zum Beispiel eine rationale Ebene für die Wissensvermittlung via Sprache und eine emotionale Ebene für die unterstützenden Sounds und Atmos.

Peng – das Verhältnis von Bild und Ton

Unsere Wahrnehmung ist aber nicht nur begrenzt, sie arbeitet zudem sequenziell und arbeitsteilig: Das Auge sieht, das Ohr lauscht, die Nase riecht, die Haut spürt – und erst das Gehirn macht aus den Einzeleindrücken ein Gesamtbild.

Dieses ist natürlich subjektiv, denn das Gesamtbild entsteht durch die assoziative und kausale Verknüpfung der einzelnen Sinneseindrücke mit eigenen Erfahrungen und Erinnerungen. Angenommen, Sie sehen eine Pistole und hören gleichzeitig einen Knall – Ihr Gehirn wird beides kausal miteinander kombinieren und zum Schluss kommen: Ein Schuss ist gefallen, und zwar genau aus dieser Pistole hier. Ist die Verbindung zwischen einem visuellen und einem akustischen Signal fest etabliert, so genügt schon das akustische Signal, um die assoziative Verknüpfung mit dem visuellen Element wieder herzustellen. Für unsere Konzeptarbeit heißt das: Unser Kopf bringt Gezeigtes, Gehörtes und Gelerntes unwillkürlich miteinander in Verbindung, wir können demnach beim Gestalten bewusst reduzieren und die Sinnesreize miteinander kombinieren. Die Botschaft entsteht beim Zusammensetzen im Kopf! Und so ist folgerichtig auch eine Tonspur Ergebnis eines sinnvollen Zusammenfügens.

Von Atmos und anderen Sphären

Mit dem Begriff Atmo umschreibt man die spezifische Klangkulisse für einen Funkspot, einen Film, einen Song. Wir sprechen von Sphärenklängen, wenn wir bestimmte zarte und verhallte Töne wahrnehmen, das heißt, wir ordnen Klängen und Geräuschen ganz bestimmte Qualitäten, Aussagen und Stimmungen zu.

Jeder gute Krimi lebt davon, mit den richtigen Klängen und Geräuschen die optimalen Spannungsbögen auf- und wieder abzubauen. Das Klappern von Türen und Fensterläden, vorbeifahrende Züge, die Signalhörner im Hafen, das Tropfen eines Wasserhahns und natürlich der Einsatz von speziellen Soundeffekten wie Echo und Hall – alles das erzeugt die spezifische Klangwelt eines gut gemachten Films, Spots oder Hörspiels und macht so den Inhalt glaubhaft und authentisch.

Tok, tok: Dem Ton auf der Spur

Eine Tonspur setzt sich aus mehreren Ebenen zusammen – der Sprache, den Geräuschen und der Musik. Sprache kann dabei noch einmal unterteilt werden in die Dialoge und das Off – die von außen eingespielten Kommentare und Beschreibungen. Bei den Geräuschen unterscheiden wir die bereits erwähnte Atmo und die Sound Effects. Diese unterstützen konkret die dargestellte Situation. Soft Effects sind dabei Geräusche, deren Quelle nicht zwingend im Bild erkennbar sein muss. Hard Effects sind diejenigen Geräusche, die synchron zu den laufenden Bildern – beispielsweise eine gerade zerbrechende Scheibe – produziert werden.

Bei Medienprodukten gliedert sich die Musik in Source- oder On-Music und Film- beziehungsweise Medienmusik. Während letztere nicht unbedingt mit der Handlung verknüpft ist, wird die Source-Music in die Handlung integriert, indem ihre Quelle – zum Beispiel ein Orchester – im Bild sichtbar gemacht wird. Der richtige Mix aller Ebenen, Sprache, Geräusche, Musik, macht die Qualität einer Tonspur aus.

Weniger ist mehr

Akustische Elemente können ihre Wirkung in den Medien dann optimal entfalten, wenn sie selektiv eingesetzt

Unser Ohr nimmt Schallwellen wahr und wandelt sie in elektrische Nervenimpulse um, die das Gehirn »versteht«. Die akustischen Signale gelangen über die Ohrmuschel in den Gehörgang. Am Ende des Gehörgangs (1) befindet sich das Trommelfell (2), eine hochempfindliche Membran, die durch Druck- beziehungsweise Dichteschwankungen der Luft zum Schwingen gebracht wird. Über das Mittelohr (3) gelangen die Schallsignale in das Innenohr (4), wo die Umwandlung der Schwingungen in Nervenimpulse stattfindet: Sie werden durch die Basilarmembran auf das Gehörorgan – das Corti'sche Organ (5) – übertragen, das aus mehr als 20.000 Haarzellen besteht.

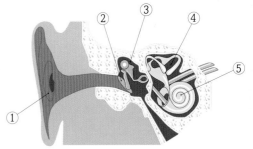

Diese wiederum leiten die Signale an die Nervenzellen weiter. Bevor die Schallsignale den Hörbereich der Großhirnrinde erreichen, durchlaufen sie zunächst die niederen Hirnschichten. Hierzu gehört vor allem das limbische System, das für die Steuerung des Hormonhaushalts und wahrscheinlich auch der Emotionen verantwortlich ist. So erklären wir uns heute, warum Geräusche in der Lage sind, die Puls- und Atemfrequenz direkt zu beeinflussen und unmittelbar Emotionen hervorzurufen.

werden. Versieht man jede im Bild sichtbare oder im Kontext der Handlung vorhandene Schallquelle mit dem entsprechenden akustischen Signal, wird der Sound »zu dicht«. Auch bei akustischer Gestaltung gilt die Regel »Weniger ist mehr«.

Schallsignale werden nicht als isolierte Elemente erlebt, sondern in der Wahrnehmung zu übergeordneten Strukturen zusammengefügt. Dies erlaubt es, eine bestimmte Musik oder eine Geräuschkette, die bereits zuvor eingeführt wurde, zugunsten eines anderen Schallelements oder eines Dialogs vorübergehend auszublenden, ohne dass die akustische Dichte der Szene beeinträchtigt wird.

Das fehlende Element wird dann gedanklich vom Zuhörer ergänzt.

Form und Dramaturgie

Meist wird die Tonspur erst dann entwickelt, wenn das Bildmaterial, zumindest im Rohschnitt, bereits fertig gestellt ist. Dabei besteht die Gefahr, dass wertvolle kreative Gewinne, die durch das Zusammenspiel von visuellen und akustischen Ereignissen entstehen, verloren gehen. Um ein optimales Ergebnis zu erzielen, ist es daher wichtig, möglichst alle Elemente gleich zu Beginn der Konzeption gleichberechtigt zu berücksichtigen. Angestrebt wird dabei ein in sich ausgewogenes Produkt, in dem sich Spannung und Entspannung, Dyna-

mik und Wiederholung, Erfüllung und Bruch von Erwartungen die Waage halten.

Zu den wichtigsten dramaturgischen Mitteln gehören Dichte, Perspektive und Tempo. Bei der dramaturgischen Konzeption einer Medienproduktion muss darauf geachtet werden, dass die zu gestaltenden Parameter wie Ton und Bild sowohl in ihrem gemeinsamen Zusammenspiel als auch in sich schlüssig sind.

Dabei ist es durchaus reizvoll, zum Beispiel einen dichten Bildinhalt mit hohem Tempo mit einer einfachen, getragenen Melodie eines Soloinstruments zu kombinieren.

Da verschiedene Kombinationen zu einer unterschiedlichen Wahrnehmung einer Szene führen, lohnt es sich, für jede Szene mehrere Varianten durchzuspielen.

Reihung, Steigerung und Bogen

Die wichtigsten Grundtypen der formalen Sound-Gestaltung sind die Reihung, die Steigerung und der Bogen.

Bei der Reihung werden einzelne, in sich geschlossene Elemente wie Strophe und Refrain aneinander gereiht, die in einem Musikstück aufeinander folgen. Bei der Steigerung ist die Entwicklung dagegen auf einen Höhepunkt hin gerichtet; Tempo, Lautstärke und Dichte der Elemente werden sukzessive gesteigert.

Der Bogen als Gestaltungskonzept – wie er etwa den klassischen Sinfonien zugrunde liegt – arbeitet anders: Hierbei wird zunächst das Thema vorgestellt, dessen wichtigste Gedanken im Hauptteil weiterentwickelt und am Schluss wieder zusammengeführt.

Bei der formalen und dramaturgischen Planung ist es entscheidend, konzeptionelle Fragen zu beantworten: Welche Stimmungen sollen ausgelöst werden? Welcher Musikstil passt am besten zum Produkt und zur Szene? Soll eigene Musik komponiert werden und wenn ja, mit welchen Instrumenten, mit welcher Besetzung?

Darüber hinaus sollte man sich bewusst machen, welche Funktionen akustische Elemente im Rahmen der Produktion übernehmen sollen. Hierzu gehört neben der Vermittlung von Emotionen und Stimmungen auch die Verdeutlichung eines historischen oder kulturellen Kontextes, zum Beispiel durch den Einsatz entsprechender Originalmusik oder durch spezifische Atmos.

Das richtige Timing – alles eine Frage der Zeit

»After you play it, the music is gone in the air!« Dieser Satz des Jazz-Musikers John Coltrane verdeutlicht: Musik ist ein flüchtiges Medium. Akustische Ereignisse sind zeitgebundene Phänomene. Während etwa die Bildspur eines Films gestoppt werden kann und auch im Standbild weiter wahrnehmbar bleibt, können Schallsignale nicht in Momentaufnahmen festgehalten werden: Es gibt kein Standbild für Töne. Somit ist das »timing« der Tonspur wichtig für das Zeitempfinden. Ändert sich die Zeitstruktur des akustischen Hintergrunds, wird auch die Bildabfolge eines Films anders wahrgenommen. Durch Syncpoints – das Zusammenfallen von Bild- und Tonakzenten – kann das visuell vermittelte Zeitempfinden unterstrichen werden. Endet der melodische Bogen hingegen vor dem Bildakzent, wird die filmische Zeit in der Wahrnehmung verlangsamt; dauert der akustische Spannungsbogen länger an als der visuelle, hat dies wiederum einen beschleunigenden Effekt auf das Zeitempfinden. Auch durch die Fortführung eines akustischen Elements über mehrere Bildsequenzen kann eine beschleunigende Wirkung erzielt werden.

Beim »timing« sind Puls, Tempo und Metrum entscheidend. Mit dem Begriff Puls ist der Grundschlag gemeint, der durch den zeitlichen Abstand aufeinander folgender Elemente festgelegt wird. In der Gestaltung der Tonspur kann der Puls – zum Beispiel durch bestimmte Geräusche wie eine tickende Uhr – bewusst hervorgehoben werden, um damit ein bestimmtes Zeitempfinden wie Hektik oder Gelassenheit zu verstärken.

Das Tempo wiederum bestimmt die Anzahl der Grundschläge innerhalb eines Zeitraums und wird in der Musik in Beats per Minute (bpm) angegeben. Das Metrum gliedert den Puls in charakteristische Gruppen, wobei einzelne Schläge betont werden und andere nicht. In der Musik bezeichnet man das Metrum als Takt.

Rhythm is it!

Rhythmus ist der Herzschlag der Tonspur als bewusst angelegtes Muster aus betonten und unbetonten Schlägen von unterschiedlicher Dauer. Die Rhythmen der Tonspur und der Bildspur bei Film oder Multimedia müssen dabei nicht zwangsläufig synchron laufen.

Schließlich kommt noch die Melodie als wichtiges gestalterisches Element dazu. Hier wird eine Folge von unterschiedlichen Tönen definiert, die sich wiederholen. Im Idealfall ist die Melodie so eigenständig und einprägsam, dass sie schnell ins Gedächtnis wandert und dort abgespeichert wird. Dann reicht schon das Anspielen einiger Anfangstöne – und der Hörer ergänzt aktiv die weitere Tonfolge aus dem Kopf.

Miles Davis hat dies einmal so formuliert: »Entscheidend sind nicht die Töne, die du spielst, sondern die, die du nicht spielst.«

Von Mensch zu Maschine

Audiodesign ist nicht nur ein wichtiger Teil bei der Gestaltung von Filmen und Videos, sondern begegnet uns auch im Alltag häufig. Klingeltöne, Warnsignale, Glockentöne usw. übernehmen kommunikative Arbeit und definieren die Schnittstellen zwischen Mensch und Maschine. So wird etwa die Benutzerfreundlichkeit erhöht, wenn ein Tonsignal den Anfang oder das Ende eines Vorgangs begleitet. Beispiele sind der Pausengong in der Schule, das akustische Warnsignal, wenn der Sprit im Auto zu Ende geht, der Signalton, wenn der Aufzug anhält. Werden akustische Ereignisse dazu verwendet, Systeminformationen zu vermitteln, spricht man auch von Auditory Display.

Die Zuordnung von Schallsignalen zu bestimmten Informationen nennt man Sonification oder Audification. Wichtige Anforderungen an das Audiodesign in diesem Bereich sind unter anderem die Zuordnung unverwechselbarer Töne zu bestimmten Informationen und das leichte Erlernen der akustischen Signale.

Man kann zwei grundlegende Formen der Gestaltung von Auditory Displays unterscheiden: Zum einen gibt es Auditory Icons, Alltagsgeräusche, die erfahrungsgemäß einem bestimmten Ereignis zugeordnet werden. Beispielsweise kann man das Verschieben einer Datei in den Papierkorb durch das Geräusch von zerreißendem Papier akustisch symbolisieren. Der Vorteil von Auditory Icons ist, dass sie durch Alltagserfahrungen bekannt sind und nicht extra erlernt werden müssen. Bei den so genannten Earcons handelt es sich hingegen um abstrakte, synthetische Klänge, die unabhängig von dem Ereignis sind, das sie vertonen. Earcons bieten vielfältige Möglichkeiten zur Gestaltung von Auditory Displays; ihre Zuordnung zu bestimmten Informationen muss allerdings vom Benutzer erlernt werden. Des Weiteren können Auditory Icons und Earcons gemixt werden zu Klangobjekten. Ihr Design ist allerdings mit hohen technischen Anforderungen verbunden.

Bei der Konzeption von Auditory Displays ist wichtig, dass die Gestaltung der akustischen Signale durch das ganze System hindurch schlüssig ist. Die Art der Klangobjekte muss zu den Informationen passen, die sie übermitteln sollen. Dies ist vor allem bei der Auswahl von Earcons wichtig. Darüber hinaus gilt: Die Sounds sollten mühelos wahrgenommen werden, ohne das Umfeld zu stören.

Audiodesign für interaktive Medien

Audiodesign spielt bei interaktiven Medien wie Computerspielen, Websites oder CD-ROMs eine große Rolle. Eines der wichtigsten Merkmale dieser Medien – im Vergleich zu Film oder Video – ist, dass sie in ihrem Zeitablauf nicht vorherbestimmt sind, sondern vom individuellen Verhalten des Users abhängen. Um hier anspruchsvolle und hochwertige Ergebnisse zu erzielen, ist eine durchdachte Gestaltung von Form und Dramaturgie unverzichtbar. Bei der akustischen Gestaltung von interaktiven Medienprodukten sind vor allem Actionsounds und kurze Loops, die von Szene zu Szene wechseln, gängige Elemente. Sich allzu häufig wiederholende Soundsignale laufen indes Gefahr, sich abzunutzen und zu langweilen, der dramaturgische Effekt der Akustik geht in diesem Fall schnell verloren. Der Einsatz von Loops und Action-Sounds sollte daher gut durchdacht und möglichst abwechslungsreich und vielfältig gestaltet sein. So ist es hilfreich, nicht jede neue Eingabe mit einem neuen Sound zu belegen, sondern bereits bekannte und gelernte Töne zu verändern, in andere Loops zu überblenden oder die Lautstärke oder Klangfarbe an die Häufigkeit der Eingabe anzupassen.

Ton für Ton: Die Produktionsphasen

Audiodesign wird meist in der Post-Production-Phase geschaffen – Filme und Videos werden nachvertont. So können alle Möglichkeiten der Soundtechnik voll ausgeschöpft werden und

Ring, ring!

Ein vollkommen neues Betätigungsfeld für Komponisten und Sound-Designer eröffnet die Handy-Industrie: Klingeltöne für Handys sind ein Millionenmarkt – und dank digitaler Technik immer raffinierter und mehrstimmig-voluminöser. Und vor allem: aufmerksamkeitsstärker und zielgruppengerichteter. Mit fortschreitender Technologie mehren sich die Möglichkeiten, die Kommunikation mit Sound anzureichern oder ihn zum Hauptelement zu machen.

neue Ideen in die Produktion einfließen. Schall braucht Zeit, um sich zu entfalten und dramaturgisch zu wirken – der Sound braucht Zeit, um Stimmung aufzubauen und zu wirken. Das muss schon im Drehbuch, zum Beispiel in Form von Pausen, angemerkt sein. Desgleichen können akustische Stilmittel, mit denen sich das Zeitempfinden in einer Szene interessant gestalten lässt, nur dann optimal eingesetzt werden, wenn die Bilder entsprechend angepasst werden. Auch die Frage, welche Schallsignale für die Entwicklung des Geschehens wichtig sind und ob diese in das entsprechende Bild beziehungsweise die entsprechende Handlung integriert werden sollen, ist bereits beim Schreiben des Drehbuchs zu klären.

Während der eigentlichen Produktionsphase geht es dann darum, die O-Töne, also die Originaltöne, die am Drehort hörbar sind und verwendet werden sollen, in der bestmöglichen Qualität aufzunehmen. Aufwändige Nachvertonungen stehen in Qualität, Lebendigkeit und Authentizität in der Regel hinter den O-Tönen zurück. Für eine optimale Aufnahme von Originaltönen müssen die Voraussetzungen stimmen. Mikrofonabstände, Aufnahmewinkel usw. sind zu definieren, und störende Nebengeräusche müssen weitestgehend vermieden werden. Für den Fall, dass Dialoge nachträglich synchronisiert werden, empfiehlt es sich in Hinblick auf die

Wahrung der Authentizität der Töne, diese direkt am Drehort aufzunehmen. Für die Dreharbeiten sollte darüber hinaus vor Ort genug Zeit für die Aufnahme von Atmos und Requisitengeräuschen eingeplant werden. In der Post-Production-Phase werden schließlich zunächst die O-Töne auf ihre Qualität und Verwendbarkeit hin überprüft und ausgewählt. Nicht verwendbare Originaldialoge werden im Tonstudio noch einmal aufgezeichnet (Automatic Dialog Recording, ADR). Beim ADR-Editing werden die aufgezeichneten Dialoge nachbearbeitet und lippensynchron an das fertige Bildmaterial gelegt. Die ebenfalls in der Post-Production stattfindende Bearbeitung der Atmos und Geräusche nennt man Soundediting, das Einfügen von akustischen Spezialeffekten Sounddesign. Auch die Filmmusik wird in dieser Produktionsphase angelegt.

In der Endmischung werden schließlich die verschiedenen Elemente der Tonspur zusammengefügt und letzte Feinabstimmungen unternommen.

MP3

Einiges spricht dafür, dass der Musikmarkt in Zukunft nicht mehr durch Plattenfirmen »von oben« gestaltet werden wird, sondern »von unten«, sozusagen von der Basis: den Hörern, den Künstlern selbst. Durch die Digitalisierung der Musik braucht es eigentlich keine Plattenfirma mehr. Die MP3-Technologie macht den Hörer zum Macher und zum Distributor von Musik. Eine echte Revolution. Nachdem die Musikindustrie zuerst den Einstieg in die digitale Musikrevolution regelrecht verschlafen hat, hat man mittlerweile das Potenzial des neuen Formats erkannt und versucht via kostenpflichtiger Download-Portale mit der rasanten Entwicklung mitzuhalten. Der große Erfolg von iTunes und iPod verhalf etwa Apple zu neuen Geldquellen. Es heißt, der Computerhersteller verdiene jetzt mehr Geld mit Musik als mit seinen Computern.

Radio = Podcasting

Wenig mehr als ein PC mit Internetzugang ist erforderlich, um ein vollständiges Radioprogramm selbst herzustellen. Eine Folge der MP3- und iPod-Technologie und ihrer kreativen Möglichkeiten. Sowohl ambitionierte Amateure als auch professionelle Verlage und Medien produzieren O-Ton und geben diesen online »in den Äther«. Mithören und Zuhören rund um die Uhr – das Radio wird gerade neu erfunden!

Die Revolution des Radios

Mit dem MP3-Format erleben wir gerade die Revolution des Radios. »Podcasting« setzt sich aus den Worten »iPod« und »Broadcasting« zusammen und meint eben die Möglichkeit, jetzt mit ein wenig Technikeinsatz selbst zum Radiomacher zu werden. Im Gegenzug bieten die Radiosender mittlerweile alle die Möglichkeit, ein Großteil ihres Programms via Internet-Download »nachzuhören«. Im Endeffekt kann sich nun jeder Hörer sein eigenes Programm zusammenbasteln und zusammenschneiden, aus vielen Quellen und Podcasts von Sendern und Internetseiten. Diese neue, eigene Kompilation wird dann wieder via Internet und E-Mail einer Gemeinschaft zur Verfügung gestellt. Der Hörer wird zum Macher, die Macher werden zum Hörer. So werden durch die digitale Kommunikationstechnik die Grenzen zwischen Macher und Hörer fließend, diesen Effekt haben wir bereits als zentralen Punkt und Innovationskern der Kommunikationssituation in der Mediengesellschaft erkannt.

Das Audio-Tagebuch im Netz ist mittlerweile zum Alltag geworden: Unabhängig vom Zeitfenster der Sender können sich alle Interessierten die Wort- und Soundbeiträge aus dem Netz fischen. Fantastische Möglichkeiten der Information und der Präsentation von Inhalten.

Podcast ist jedoch auch ein neues Marketinginstrument: Woody Allen verbreitet im Netz interessante Einsichten zum Filmemachen via Podcast und promotet so seinen Film »Match Point«; ebenso vermarkten Stars wie Madonna via Online-Radio-Show ihre neuen Alben. Für die Fans wurde ein »Confessions on a Podcast«, ein digitaler Beichtstuhl eingerichtet: Hier gestehen Fans im O-Ton ihre emotionalen Befindlichkeiten. Das Ganze ist als Download erhältlich, und es zu hören erfreut sich wachsender Beliebtheit.

**Genug gehört!?
Weiter geht's im Text –
mit Text.**

Die Abc-Waffen

Wie aus Buchstaben echte Botschaften werden

6

Mach' Worte zu Botschaften

Wie aus Buchstaben echte und gute Botschaften werden, die bewegen und Aufmerksamkeit schaffen – das ist hier unser Thema. Ein wichtiges Thema, denn nach wie vor wird die Wirkung von Text in der Mediengestaltung unterschätzt. Wieso eigentlich? Text beeinflusst unser Denken doch, Text kann Massen mobilisieren, Text kann Mentalitäten festigen und Märkte und Käuferverhalten beeinflussen (»Geiz ist geil!«).

Ja, schon, aber unsere Textsozialisation verlief eben anders, ungefähr so: Gestartet als Abc-Schützen mit ersten krakeligen Schreibversuchen, dann, einige Aufsätze, Liebesbriefe und Tagebücher später, verlassen wir schnell das Abc-Metier: Die Welt braucht Ingenieure, Fußballer, Wirte, Banker und so weiter. Am Text ist sie, scheint es, weniger interessiert, zumal im bildlastigen Medienzeitalter.

Aber dann, dann geht sie doch los: die Jagd nach den großen Abc-Schützen. Alle Welt sucht das tollste Drehbuch, die tollsten Film-Plots und Soaps, die packendsten Manuskripte für Bestseller, die witzigsten Geschichten, die besten Reden, Direkt-Mailing-Texte und Internetseiten. Ob TV-Anstalt, Bundeskanzleramt, Vorstandsetage, Programmzeitschrift, Verlag oder Nachrichtenagentur: Alle suchen und brauchen guten Text. Aber woher nehmen?

In den meisten Büchern über Mediengestaltung ist der Text einfach so da – und wird sogleich als ein zu gestaltendes Material behandelt: Welche Typo, Punktgröße usw., das sind die Fragen, die im Zusammenhang mit Text gestellt werden. Aber wo kommt er eigentlich her, wie sieht es mit seiner Qualität und dem Inhalt, den Botschaften des Textes aus? Hier wollen wir ansetzen, denn konzeptionelle Mediengestaltung bietet beides: Form und Inhalt.

Anregung 1: Wer verständlich gestalten will, sollte auch den Text lesen, um verstehen zu können, was er da gestaltet. Text ist ebenso wichtig und relevant wie Design. Und beide werden »gelesen«: Design ist ebenso Botschaft wie Text.

Anregung 2: Wer wirkungsvoller gestalten will, schafft eine chemische Verbindung zwischen Text und Bild: Wenn beide sich ergänzen, ergibt das doppelte Aufmerksamkeit. Frei nach der Formel: gute Gestaltung + guter Text = supergute Kommunikation.

Worte haben Kraft, und sie verstärken jedwede Mediengestaltung. Wer sich nur einmal die Einprägsamkeit von Slogans vor Augen führt, erkennt, welch enorme Kraft in den Worten liegt. Ein Beispiel: Als die Marktforschung beim Ölkonzern Esso herausfindet, dass eine überwältigende Anzahl von Menschen immer noch – nach weit über 30 Jahren – die Marke Esso mit dem (ur-)alten Slogan »Pack den Tiger in den Tank« in Verbindung bringt, wird die »Tiger-Kommunikation« rasch wieder belebt, um so die immer noch vorhandene hohe Markenenergie anzuzapfen. Das Sprachbild des Tigers hat sich eingebrannt in das Gedächtnis der Kunden. Eine gelungene Verbindung zwischen Text und Bild.

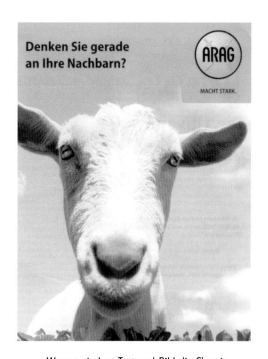

Wenn zwischen Text und Bild die Chemie stimmt, dann entsteht Kino im Kopf. Diese Anzeige hier ist ein gutes Beispiel dafür. Der Text kombiniert mit dem Bild ergibt die Story zum Schmunzeln.

Die Kraft der Worte: Machen Sie einen Test dazu

An welchen Slogan oder welche Headline erinnern Sie sich spontan? Bitte kurz konzentrieren und aufschreiben. Na, ist die Liste lang geworden?

Der berühmte Typograf und Gestalter Kurt Weidemann – also kein Texter von Berufs wegen – bemerkt: »Die Sprache hat viel größere Möglichkeiten als die Gestaltung.«

Das müsste doch Ansporn genug sein, um sich als Gestalter den Text einmal näher anzuschauen. (Texter tun das sowieso.)

Die Wahrnehmung von Text

Vor dem Text steht das Lesen. Lesen ist keine einfache und auch keine schnelle Form der Informationsübermittlung und Wahrnehmung. Im Vergleich zur (scheinbar) einfacheren Bildwahrnehmung ist sie sogar recht schwierig, weil indirekter:

Man muss erst den Code knacken, also die Buchstaben kennen und entziffern – und dann den Sinnzusammenhang herstellen. Reine intellektuelle Arbeit. Bilder hingegen arbeiten viel direkter, meist ganz ohne Dechiffrierung. Beim Lesen gilt es also, eine Hürde zu nehmen, da kommt man nicht drumherum. Doch die Mühe lohnt sich, meistens jedenfalls.

Die Zahlen der Marktforschung belegen: Klassischer Lesestoff weckt Interesse – auch und gerade im Zeitalter neuer Medien. Die Frankfurter Buchmesse, Leitmesse der Branche und weltgrößte Veranstaltung ihrer Art, meldet Jahr für Jahr neue Besucherrekorde.

Und die Vorleser wie etwa Elke Heidenreich haben extrem hohe Einschaltquoten und sorgen – am Tag nach ihrer Sendung – für drangvolle Enge in den Buchhandlungen.

Geschichten, Fantasie und Einbildungskraft, das waren und das sind die Stärken von Text. Und sie befördern die Lust am Lesen. Wir dürfen getrost behaupten, dass noch nie so viel getextet wurde wie heute.

Neue Textformen wie E-Mail und SMS machen jeden von uns tagtäglich zum Texter. Und je besser, spannender und involvierender der Text geschrieben ist, umso größer ist die Chance, dass er gelesen wird.

Hier einige Tipps und Erfahrungswerte, wie Sie mehr Aufmerksamkeit für Ihre Texte bekommen.

Lesetipps:
Kurt Weidemann,
Wo der Buchstabe das Wort führt
(Ostfildern, 1997)

Armin Reins,
Corporate Language
(Mainz, 2006)

Auch der Wörtersee hat ein Konzept

Wir beginnen auch beim Text mit dem Konzept und stellen die Frage aller Fragen: Was ist die Botschaft, und wie formulieren wir sie am besten? In der Tat eine banale Sache, aber wie oft bleibt sie unbeachtet?! Nehmen wir die vielen Rätselanzeigen in der Werbung, wo man schlechterdings nicht weiß, wovon die Rede ist. Oder die mit Anglizismen aufgeladene Fachsprache, etwa in der Telekommunikation! Ein kurzer Blick auf die Rechnung macht das deutlich: CallbyCall, CallYa, City-Call – eine wahre Fundgrube für Sprachforscher – nur, für welche Sprache?
Bitte deutlich und klar formulieren – worthülsenfrei texten.
Der Leser dankt es – mit mehr und längerer Aufmerksamkeit.

Die drei beliebtesten Bücher der deutschen TV-Zuschauer sind:
J. R. R. Tolkien – Der Herr der Ringe,
Die Bibel,
Ken Follett – Die Säulen der Erde
(Quelle: ZDF, 2004)

Die Renaissance der deutschen Sprache

Während in der Medienlandschaft die Quote für Radio-Songs in deutscher Sprache jüngst ernsthaft diskutiert wurde, geben deutsche Texte erstaunlich oft und beherrschend den Ton an. Die Hip-Hop-Szene und Bands wie die Fantastischen Vier, Xavier Naidoo und 2raumwohnung oder Juli haben anspruchsvolle deutsche Texte populär gemacht. Texte von Herbert Grönemeyer sind mittlerweile lyrisches Allgemeingut und schultauglich.

Deutsch oder Englisch? Wieso oder??

Es gibt immer wieder Klagen über die Amerikanisierung der deutschen Sprache und ihre Bastardform Denglisch, die Vermischung von Anglizismen und deutschen Wörtern. Sprache ist ein lebendiger Korpus, und was heute Englisch ist, war früher einmal Latein oder Französisch. Damals waren das die Sprachen der Eliten, die eben das Sagen hatten. Also keine Panik im deutschen Lexikon! Auffällig ist sogar eine Rückkehr des Deutschen. So hat eine Studie der Namensagentur Endmark 2003 eine wahre Erschütterung ausgelöst. Die Studie untersuchte, ob und inwieweit die beliebten englischen Claims und Slogans von deutschen Unternehmen und Marken überhaupt verstanden werden. Das Ergebnis verblüffte selbst die Marketingexperten und Sprachforscher: So scheiterten 85 % der Befragten am Slogan von Siemens mobile »Be inspired«. 92 % waren bei dem Slogan von RWE »One Group. Multi Utilities« einfach nur sprachlos, also ohne Übersetzung. Den Slogan von Douglas »Come in and find out« übersetzten viele sehr, sehr wörtlich mit »Komm rein und finde wieder heraus«. Auch die Übersetzung des alten SAT.1-Slogans »Powered by emotion« in »Kraft durch Freude« war wohl nicht im Sinne der Erfinder. Annähernd korrekt wurden der (alte) Slogan von McDonald's »Every time a good time« und »There's no better way to fly« von Lufthansa übersetzt.

Im Moment geht der Trend wieder »back to the roots«, pardon: zurück zur Muttersprache. Wie bei McDonald's (»Ich liebe es«) und C&A (statt »Fashion for living« jetzt »Preise gut, alles gut«).

Lesetipp:
Bernd M. Samland,
Unverwechselbar –
Name, Claim und Marke
(Freiburg, 2006)

Kunstworte: Neubürger im Wörtersee

Können Sie »tchibofonieren«? Eine ganz besondere Eigenwilligkeit moderner Mediensprache sind Sprachneuschöpfungen. Als vor vielen Jahren Coke die PET-Flasche einführte, gelang ihr mit neu geschaffenen Worten wie »unkaputtbar« ein kleiner Geniestreich. Heute ist das Wort in den allgemeinen Sprachgebrauch übergegangen, das gelingt aber nur wenigen Neuschöpfungen. Eine ganz eigene Disziplin innerhalb der Wortneuschöpfungen ist die Kreation von Produkt- und Markennamen, Spezialisten in Naming-Agenturen sind hier aktiv und kreativ, um vielen neuen Produkten und Ideen eine sprachliche Identität zu geben. Etwa neuen Automodellen wie Vectra oder Astra – gerade auf dem Automarkt ist der Bedarf an neuen Namen sehr stark.

Nur am Rande sei hier die Tücke der Übertragbarkeit von Markennamen in globalen Märkten erwähnt: Wenn ein Modell in Spanien übersetzt so viel wie »Wichser« heißt (»Pajero« von Mitsubishi), dann kann der Erfolg nicht übermäßig groß sein.

Innerhalb einer Sprache sind der Kreativität keine Grenzen gesetzt: Die »Sparnünftigen« bei MediaMarkt oder eben das »Tchibofonieren« – unter diesem Begriff bietet der Kaffeeröster Tchibo auch Telekommunikation an – sind gute Beispiele dafür.

Jeden Tag Briefe, Mails und SMS ...

Auch wenn wir glauben, dass wir nicht viel schreiben – das Gegenteil ist der Fall. Insbesondere die Medientechnologien wie Handy oder E-Mail haben einen wahren Schreibboom ausgelöst. In der Schule wird gesimst, im Business gemailt: Wir schreiben und schreiben.

Gut, wenn wir uns etwas Mühe dabei geben, die Anreden und Grußformeln dem Adressaten oder der Situation anpassen – und auch beim E-Mail-Verkehr rechts vor links gelten lassen: also Rechtschreibung beachten. Aber das war es dann auch schon mit den leidigen Regeln.

Mit sonnigen Grüßen aus ...

Warum beginnt ein Brief immer noch mit »Sehr geehrte Damen und Herren«, und warum endet er meist: »Mit freundlichen Grüßen«? Warum steht da meist »betr.: Ihr Schreiben vom ...«, und warum nicht einmal: »Fischöl und CDs!« – eine richtige Headline, die Spaß macht und neugierig auf das, was da kommt! Und das sollte doch der Anfang eines guten Textes leisten?! Wir sind gefangen in Normen und Worthülsen, und während wir diese Konventionen in der Gestaltung längst über Bord geworfen haben und uns befreit haben von langweiligen Standards und DIN-gerechten Lösungen, sind wir textmäßig noch in der Adenauer-Zeit – der Slogan dieser Epoche hieß: »Keine Experimente!« Bitte schön, dafür gibt es keinen Grund mehr. Gehen wir mit dem Text doch einfach auch so kreativ, frei und zeitgemäß um wie mit dem Design. Eröffnen Sie sich Freiräume, brechen Sie aus den gelernten Normen aus: Schreiben und texten Sie so, dass man gerne zuhört und gerne weiterliest. Ein Anfang ist leicht gemacht: Ab heute keine »freundlichen Grüße« mehr, sondern »motivierende Grüße« oder »Kraft und Energie« oder »gute Ideen« oder, oder.

Sonderform: Die Bewerbung

Briefe und E-Mails sind in gewisser Hinsicht allesamt Bewerbungen. Es geht darum, Aufmerksamkeit zu bekommen für ein konkretes Anliegen. Im Fall der Jobbewerbung gilt ebenso: Ein überraschender, klar strukturierter Text differenziert mich von allen anderen Konkurrenten. Das oft gehörte Argument: Da sitzen so trockene Personalabteilungen, zieht nicht: Dort sitzen und arbeiten Menschen wie du und ich. Und jeder freut sich über einen netten Brief. Gerade hier empfiehlt sich: Ein bisschen feilen, eine Geschichte entwickeln und nicht »bezugnehmend auf Ihre Anzeige vom ... bewerbe ich mich als ...« schreiben. Das liest die Personalabteilung 100 Mal am Tag. Gähn!

Noch was zum Fachtext

Gelegentlich gibt es auch eine – bewusste – Verkomplizierung von Texten. Gerade die Tatsache, dass ein Text nur schwer verstanden werden kann, macht ihn für manche besonders exklusiv und elegant! Hier wird versucht, Autorität aufzubauen. Auffällig ist dies zum Beispiel bei wissenschaftlichen Texten und Fachjargons. Dass es auch anders geht, beweisen Fachtexte von Autoren wie Professor Hans-Martin Gauger, ein Romanist, der für seine gut lesbaren und verständlichen Texte sogar Auszeichnungen bekommen hat (also, es geht doch!).

Alles hat eine Überschrift

Bevor der gedruckte Text (Print oder Internet oder E-Mail) losgeht, hat er eine Headline: deshalb hier kurz von der Kunst des Überschriftenmachens. Eigentlich ist es ganz einfach: Was will ich in den Fokus stellen, und wie, mit welchen Worten, sage ich es? Wichtig ist natürlich auch der Aspekt: Wem sage ich es? Mit der Forderung »Adressorientiert texten« ist die Richtung vorgegeben: Ich muss die Adressaten – ihren Stil, ihr Verhalten, ihre Bedürfnisse – kennen, um zielgerichtet zu schreiben. Es gibt keine Regeln für gute Headlines. Sie sollen kurz und prägnant sein, und das ist auch meistens der Fall. Sätze wie »Wir sind Papst!« oder »Du bist

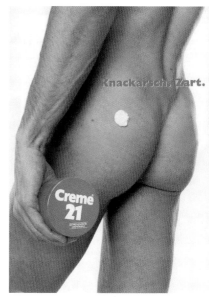

Deftige Worte und witzige Wortspiele: Es ist ein Genuss, die Texte von Creme 21 und Sierra Tequila zu lesen.

Deutschland!« beweisen das. Aber wer David Ogilvys berühmt gewordene Headline für Rolls-Royce kennt: »At 60 miles per hour the loudest noise in this new Rolls-Royce comes from the electric clock«, der weiß: Auch ein ganzer und langer Satz kann richtig headlinig sein! Dagegen ist eine kurze Headline wie »Think small!« ein Vorbild für konzentrierte Botschaften. Die beiden Beispiele zeigen: Die Länge eines Satzes oder eines Textes sagt nichts über seine Qualität. Und wenn alle kurz texten, kann vielleicht gerade derjenige, der längere Texte produziert, mehr Aufmerksamkeit auf sich ziehen. So jedenfalls begründete die Werbeagentur Jung von Matt ihre Strategie, Long-Copy-Texte für BMW-Anzeigen zu machen.

Vom Gedicht zum Geschäftsbericht

Text bedeutet Vielfalt. Allein eine Aufzählung der verschiedenen Textsorten, die wir heute kennen und verwenden, zeigt das: vom Gedicht zum Geschäftsbericht. Vom Dialog zum Drama, von der E-Mail zum Brief, von der Bedienungsanleitung zum Leitartikel oder zur Kolumne. Vom Drehbuch zur Moderation. Unser Tipp: Schauen Sie sich die verschiedenen Eigenheiten der Textsorten an, und erhöhen Sie damit Ihren Variantenreichtum und Ihre Schreibkompetenz. Wenn ein Geschäftsbericht plötzlich in Form eines Reclam-Heftes daherkommt und in klassischen Dialogen geschrieben ist, dann zeigt sich: Hier hat jemand Textsorten und Textstile studiert und kreativ verarbeitet. Es geht um die Lust am Text. Und selbst in der Werbung ist ja genau das der Ansatz, wenn der Ex-ADC-Präsident Sebastian Turner schreibt: »Machen Sie keine Werbung, machen Sie etwas Interessantes.« Schreiben Sie nicht nur über das Produkt, sondern erzählen Sie eine Geschichte.

1001 Nacht: Das Harun-Prinzip

Geschichten erzählen – nichts anderes verbirgt sich hinter der schönen Formulierung Harun-Prinzip – ist eine besonders wirkungsvolle Textstrategie. Gute Geschichten packen und fesseln. Und im Zeitalter der Unaufmerksamkeit ist natürlich gut, wer packende Geschichten zu bieten hat. Das können – wie in der Werbung – endlose Markenstorys sein (der Marlboro-Cowboy »erzählt« immer die gleiche Geschichte von »Freiheit und Abenteuer«). Die Internet-Site mit den täglich aktualisierten Storys um die Hauptfigur von »Johnnie Walker« hat über Jahre eine Fangemeinde der Marke begeistert.

Ein Text kommt selten allein

Text ist nie allein – er hat immer ein Gewand, ein Kleid, sprich: Er ist gestaltet und selbst ein Element einer medialen Gesamtgestaltung. Text ist immer eingepackt in Gestaltung. Als gedruckter Text erscheint er typografisch mit Schriftschnitt und Schriftgröße. eventuell hat er sogar Farbe. Als gesprochener Text gehorcht er den Gesetzen der Akustik, hat eine Stimme und ist eingebunden oder untermalt mit Atmo und Musik. Als TV-Text ist er Teil des Filmes und der Bilddramaturgie, dito am Theater.
Selbst der Klassikertext im Reclam-Heft-Look hat eine Form und ein individuelles Aussehen. Das mag man als reine »Word-Datei« bezeichnen, als Zeichenwüste – aber das ist gewollt. Und übrigens Markenzeichen seit Generationen.

Text steht immer im Kontext. Einen Schritt weiter gedacht, ist dieser Kontext die Welt und die Kultur eines Unternehmens oder einer Marke. Man spricht von Modellen wie Corporate Language oder Corporate Wording. Der Definition und Verfestigung eigener Kultur- und Schreibstile für die Sprache von Unternehmen und Marken. Hier besteht noch reichlich Entwicklungspotenzial, denn die Möglichkeiten von Text und Sprache als differenzierender Faktor in der Kommunikation sind noch längst nicht ausgeschöpft.

Über die Kraft von Slogans: Nimm drei

Die beliebteste Form medialer Botschaften sind Slogans. Auffällig oft sind es exakt drei Worte, die in konzentrierter Form die Botschaft einer Marke, eines Unternehmens, einer Aktion oder einer Veranstaltung wiedergeben.

Beispiele gibt es viele – etwa den Slogan von BMW »Freude am Fahren«. Hier wird tatsächlich in drei Worten die Positionierung der Automarke BMW beschrieben. Auch der jüngste Sproß der Markenfamilie, der neue Mini, bleibt in der Tradition der 3-Wort-Statements: »Is it love?« Aus der Freude wird hier also Liebe. Viele Slogans besetzen übrigens das Feld »Liebe«, wie etwa »VW. Aus Liebe zum Automobil«. Ausnahmen bestätigen natürlich die 3-Wort-Regel. »Wohnst du noch, oder lebst du schon?« von Ikea bricht nicht nur die Regel, sondern alle Rekorde der Bekanntheit und Beliebheit – dieser Slogan ist bereits sprachliches Allgemeingut. Erkennbar auch daran, dass es unzählige Abwandlungen – mehr oder weniger gelungene – gibt.

Darauf einen Dujardin!

Texten für alle Sinne

Text ist alles andere als eine trockene Angelegenheit. Dem multisensorischen Ansatz verpflichtet, haben wir ein Werkzeug entwickelt, das zu »sinnlichem« Texten inspirieren und motivieren soll. Texte sollen nicht nur über den Kopf, sondern auch über die Haut, das Ohr, die Nase – kurz: durch alle Sinne – gehen und lebendig wahrgenommen werden. Unser Textwürfel öffnet mit jedem Wurf einen anderen Sinneskanal – und motiviert zum Verfassen von Texten, die schmecken oder gut riechen.

Hörtexte

»Hast du schon das Neueste gehört?«, »Ihr Vorschlag klingt gut, Frau Müller«, »Und mit einem großen Knall eröffnen wir das neue Geschäft« – so beginnen Hörtexte. Sie benutzen Verben und Worte aus der Welt der Akustik und erreichen den Leser über das Ohr. Legen Sie doch einmal ein Lexikon mit Hörworten an.

Sehtexte

»Du traust deinen Augen nicht«, »Schau an, das neue Laptop ist da«, »Das sieht aber gut aus!« – so beginnen Sehtexte. Sie arbeiten mit Worten der Visualität. Dazu gehören natürlich auch die Farbwörter: »Ich sehe schwarz«, »Ich sehe rot« usw.

Fühl- und Tasttexte

»Das fühlt sich gut an!«, »Das ist wie Schmirgelpapier«, »Raue Sitten hier«, »Das ist ein steiniger Weg«, »Das berührt mich stark!«, »Das bewegt mich« – mit Fühl- und Tasttexten wird die Beschaffenheit von Objekten oder das emotionale Erleben beschrieben. Damit wird eine starke Identifikation des Lesers mit dem Text und seiner Botschaft erreicht.

Riechtexte

Hier aktivieren wir den Riechsinn. Jeder kennt das Phänomen, dass ein einziger Duft sich stark in unsere Erinnerung einbrennt – und einen ganzen Kosmos an Assoziationen und Gefühlen weckt. »Es riecht nach Sommer …«, und wenn einem etwas stinkt, dann ist auch klar, was gemeint ist.

Schmecktexte

»Das muss man sich einmal auf der Zunge zergehen lassen«, »geschmackvoll eingerichtet« sein und »Geschmack zu haben« – auch hier eröffnen sich neue Textwege. Düfte, Gerüche und natürlich Aromen und Geschmackseindrücke machen einen Text zu einem Fest der Sinne. Probieren Sie es beim nächsten Brief oder bei der nächsten E-Mail aus.

Text-Texte

Manchmal ist es auch unvermeidlich, relativ trocken und nüchtern zu texten. Etwa in wissenschaftlichen Abhandlungen. Aber auch hier gilt: Mehr Leben im Text bringt mehr Aufmerksamkeit. Achten Sie deshalb darauf, kurze Sätze statt langer Schachtelsätze zu formulieren.

Verwenden Sie aktivierende und aktive Verben und nicht immer »werden« und »sein«. Schon liest sich auch ein Text-Text besser und flüssiger.

Fazit:

Mit dem Textwürfel für sinnliche Texte sind bessere Texte nicht mehr reine Glückssache, sondern vorprogrammiert.

Beim nächsten Text wird alles besser, denn Sie haben jetzt den Textwürfel. Bitte bekleben Sie einen Würfel mit den Bildern hier und würfeln Sie beim Texten erst einmal. Erscheint das Ohr, beginnt Ihr Text mit Soundwörtern und »lauschigen« Botschaften. Würfeln Sie die Nase, schreiben Sie Riechtexte. So werden Sie niemals mehr verlegen sein, wenn es ans Schreiben und Texten geht. Die großen Text-Würfe sind vorprogrammiert. Viel Spaß!

Text

Hier beginnt die Galerie der Sprüche. Sätze, die in konzentrierter Form Botschaften übermitteln. Eine Reise, die zu guten Slogans und Sprüchen inspiriert. Lesen!

At 60 miles per hour the loudest noise in this new Rolls-Royce comes from the electric clock.

Neid und Missgunst für DM 99,–

Alles Müller oder was?

Think small.

Nicht immer, aber immer öfter.

Wazz' up?!

Da weiß man, was man hat.

Otto … find' ich gut.

Bild dir deine Meinung.

Haribo macht Kinder froh …

schreIBMaschine

Dahinter steckt immer ein kluger Kopf.

Nichts ist unmöglich.

Quadratisch. Praktisch. Gut.

Wir machen den Weg frei.

Ich habe fertig!

Ich bin ein Berliner!

Keine Experimente!

Schwerter zu Pflugscharen!

Da werden Sie geholfen!

Egalité. Liberté. Fraternité.

Freiheit statt Sozialismus.

Wenn Sie Geld brauchen …

Wetten, dass ..?

Angst essen Seele auf.

The same procedure as last year?

…eine geruhsame Nacht.

Text-Abc

Text ist eine eigene Disziplin. Will sagen: Nicht jeder, der lesen und schreiben kann, kann auch auf Anhieb texten. Hier einige Text-Basics und Erfahrungen, die nützlich und hilfreich sind.

A wie Anfang

Aller Anfang ist schwer: Das erste Wort, die erste Überschrift, die erste Szene, der erste Satz ist immer das Schwerste. Ein Tipp: Beginnen Sie mit Stichworten, mit einer Stoffsammlung, und versuchen Sie nicht das Unmögliche: nämlich druckreif zu texten. Schreiben ist ein Verdichtungsprozess. Langsam, Schritt für Schritt, entsteht das Textgewebe. Das ist mühsam und aufreibend – aber ungemein spannend und sorgt für bessere Ergebnisse.

B wie Botschaft

Eine Aufgabe des Textes ist, die Botschaft zu formulieren: Was will ich dem Publikum sagen? Und wie fasse ich das am besten in Worte? Und wenn man nichts zu sagen hat – dann steht da eben nichts. Schauen Sie einmal die Kosmetik- oder Modekommunikation an. Oft nur Bild, kein Text. Weil die visuelle Botschaft – der neue Duftflakon, das neue Kleid usw. – im Fokus steht. Ohne Worte. Gute Texter wissen, wann sie reden – und wann sie besser schweigen.

C wie Corporate Text

Jedes Unternehmen strebt eine visuelle Identität an (Corporate Design), aber nur die wenigsten streben an, einen einheitlichen textlichen Stil zu etablieren. Dabei ist das sinnvoll und wichtig wie die visuelle Identität. Das meint »Corporate Text«.

D wie Dialog

Ein guter Text eröffnet einen Dialog mit dem Leser. Der Text versucht, relevant zu sein und dem Gegenüber etwas zu erzählen. So, dass sich der Leser angesprochen fühlt, innerlich mit dem Kopf nickt. Beim Texten also immer daran denken: »Ich will etwas mitteilen, bedeutsam sein, und ich will, dass ich gelesen werde.«

E wie Erfahrung

Gute Texte sind wie guter Wein: Sie müssen reifen. Und das heißt: Erfahrung hilft beim Schreiben. Lebenserfahrung (denn das Leben schreibt bekanntlich die besten Geschichten) und natürlich auch Berufserfahrung. Für alle, die gerade starten, heißt das: Es wird von Tag zu Tag besser!

F wie Feinschliff

Jeder Text kann immer noch eine Spur besser werden – wenn man mit dem nötigen Biss an den Feinschliff geht. Also nicht locker lassen! Am besten den fertigen Text eine Nacht liegen lassen und dann nochmals durchlesen.

G wie das große Ganze

Texte dürfen sich dessen, was schon getextet worden ist, gerne bedienen. Ein Zitat von Goethe, ein Gedicht von Bob Dylan, eine Story von Spielberg – das ist Material und Ausgangspunkt für neue Geschichten und Texte. Das soll jetzt keine »Lizenz zum Abschreiben« sein, sondern ein Plädoyer für den bewussten Umgang mit dem, was es schon gibt.

H wie Handwerk

Texten ist – wie alle anderen Disziplinen in der Medienwelt – zum Großteil Handwerk, also erlernbar.

Reime bilden, in bestimmten Rhythmen texten, Alliterationen und andere Sprachfiguren einsetzen: alles Handwerkszeug, das in einschlägigen Lexika und Wörterbüchern zu finden ist. Schlagen Sie nach – im Duden, im Wahrig, im Brockhaus.

I wie Information

Ein guter Text gibt eine Information frisch und klar weiter. Er verpackt sie nicht unnötig in Schachtelsätze, gedrechselte Sentenzen oder bläht sie mit überflüssigen Adjektiven auf. »Where's the beef?« pflegen die Amerikaner so schön zu fragen und meinen damit genau das: »Bring' die Dinge auf den Punkt.« Schnörkellos.

J wie Jobnummer

Texten hat viel mit Disziplin und Ordnung zu tun. »Jobnummer« soll daran erinnern, Gedanken zu ordnen und Fakten zu sammeln – das ist die Grundlage für einen guten Text. Bei längeren Texten kann es dienlich sein, sich eine grafische Struktur der einzelnen Sequenzen und Szenen oder Handlungsstränge anzulegen. So behält man den Überblick.

K wie kurz und knapp

Das ist wohl die wichtigste Forderung an den Text: Kurz und knapp soll er sein. Bitte keine langen Sätze und keine Wortungeheuer. Diese sind im Deutschen leider gang und gäbe, weil hier so schön komponiert werden kann: Steuervergünstigungsabbaugesetz … Finger weg!

Das geht viel kürzer und knapper, in diesem konkreten Beispiel etwa so: »Kohle her!«

Dennoch, Regeln sind dazu da, gebrochen zu werden: Ein guter Text ist und bleibt gut, auch wenn er lang ist.

L wie Lektorat

Lektorat klingt superaltmodisch, aber ist ein Satzfehler denn modern?

Leider ja. Ein Blick in manche Anzeige oder Tageszeitung zeigt, hier wurde wieder mal am Lektorat gespart – schade um die Mühe der Texter und Redakteure.

Tatsache ist: Derjenige, der den Text verfasst hat, sollte nicht allein lektorieren – es fehlt ganz einfach die nötige Distanz. Und vier Augen sehen einfach mehr als zwei.

M wie Muße

Man braucht Muße zum Schreiben und Texten. Man sollte sich seine Arbeitsbedingungen und Schreiborte so gestalten, dass einem mehr und schneller gute Sachen einfallen.

Merke: Keiner hat bislang bewiesen, dass ein Büro der Ort ist, wo einem die besten und kreativsten Ideen kommen.

N wie Nominalstil

»Bezugnehmend auf Ihre Anfrage vom … nehmen wir wie folgt Stellung – das zu Ihrer Kenntnisnahme«, so oder so ähnlich klingt Nominalstil. Hauptwort (Nomen) reiht sich an Hauptwort, und irgendwo ganz weit hinten im Satz steht ein Verb, meist ein »ist« oder das Allerweltsverb »wird«. So texten Behörden, aber nicht derjenige, der Aufmerksamkeit will und einen Dialog eröffnen möchte. Viel besser geht das, wenn man viele Verben einsetzt, das ist aktiv, direkt und schneller!

O wie O-Ton

Texte werden durch ein Zitat oder wörtliche Rede lebendig und authentisch. Das gilt für das Radio und das Fernsehen ebenso wie für Print und Internet.

P wie »Passt«

Ein Text sollte stilistisch zum Gesamteindruck des Werkes, des Auftritts oder des Mediums passen. Im Internet sollte man sich kurz fassen, ein Brief darf dagegen schon länger sein. Ein Vorstand schreibt anders als ein Parteigenosse. Immer schauen: Wer schreibt an wen in welchem Ton? Denn der Ton macht, auch beim Text, die Musik.

Q wie Quälen und Qualität

Gute Texte schreiben heißt sich quälen. Um eine gute Headline oder Schlagzeile zu texten, braucht es nicht einen Versuch, sondern 100 Versuche und Zeilen – und die 101. Zeile ist es dann. Vielleicht …

R wie Recherche

Ein guter Text lebt von Substanz und Inhalt. Beides entsteht vor allem durch Recherche und Fachkenntnis. Wer über Autos schreibt, sollte wissen, wie sie funktionieren und bei einer Probefahrt das Produkt »erfahren«. Wer schöne Storys schreiben will, macht sich vorher schlau und liest zum Beispiel ein paar Bücher von Hemingway.

Nur Eingebung und Muße allein sind – für Normalsterbliche – zu wenig.

S wie Schlagzeile und Slogan

»Headline«, Überschrift oder eben Schlagzeile, Aufmacher.

Wie man das gut macht, das zeigt jeden Tag aufs Neue die Bild-Zeitung. Ein wertvolles Lehrmittel für jeden Texter. Ein Slogan ist verdichteter Text, er kommunziert in drei, vier

Worten eine gesamte Philosophie (»Anything goes!«) oder Marken-Botschaft »Just do it!« Slogans zu texten ist die hohe Kunst der Texter und eine echte Herausforderung. Guten Slogans gelingt es, Alltagsgut zu werden: »Nicht immer, aber immer öfter« oder »Otto…find' ich gut«.

T wie Typografie

Text kommt nicht nackt daher, er hat ein Kleid: die Buchstaben, die Schriftart. Als Texter sollte man immer darauf schauen, dass die Form auch dem Inhalt entspricht. Kommt hinter eine Überschrift ein Punkt oder nicht? Steht ein Bild solo da, oder gibt es eine kleine BU (Bildunterschrift) darunter?

U wie Unterhaltung

Texte sollen nicht nur informieren, sondern auch unterhalten. Eine Prise Humor, eine kleine Anekdote – ein guter Text hat dafür Raum und wird so sympathischer.

V wie Vorlesen

Vorlesen ist die beste Methode, um Tiefe und Qualität eines Textes zu bewerten. Deshalb: Wenn Sie einen Text geschrieben haben, dann lesen Sie ihn sich laut vor. Ungereimtheiten und Untiefen werden vom Ohr schnell und gnadenlos erkannt – und an diesen Schwachstellen muss man dann noch mal ansetzen. Und dann wieder von vorne: Vorlesen, Ohren spitzen, Griffel spitzen – bis alles rund ist.

W wie Wörterbücher

Texter haben immer das eine oder andere Wörterbuch in der Nähe: Duden, Synonymwörterbuch, Reimlexikon, Namenslexikon … Das ist Handwerkszeug.

Viele Konzepte lassen sich aus Wortspielen und Wortwitz entwickeln oder aus Redensarten. Und das alles findet sich im Wörterbuch, einfach aufschlagen und nachschlagen. Und ganz nebenbei verfeinert und erweitert man seinen Wortschatz damit.

X Y ungelöst

Ja, es muss nicht immer alles in ein Korsett passen. Auch im Text-Abc gibt es Freiheiten und Lücken. Weil es gerade kein passendes, sinnvolles Wort mit X oder Y gibt, bleibt diese Rubrik hier »ungelöst«. Weiter im Text! Oder haben Sie eine gute Idee?

Z wie Zahlen

Den Buchstaben tut es gut, wenn ab und an auch Zahlen und Ziffern erscheinen: ein Datum, eine Jahreszahl, eine Uhrzeit, eine Gewichtsangabe. Das verleiht dem Text häufig mehr Kompetenz und Präzision.

In solch einem Text stecken dann sicher 30 % mehr drin als in anderen Texten ganz ohne Zahlen.

Lesetipps:

Nina Janich,
Werbesprache
(Tübingen, 2003)

H.-P. Förster,
Corporate Wording
(Frankfurt a. M., 1994)

Jörn Winter (Hrsg.),
Handbuch Werbetext
(Frankfurt a. M., 2004)

Armin Reins,
Die Mörderfackel
(Mainz, 2005)

Institutionen:

Texterschmiede Hamburg
www. texterschmiede. de
Texterschule von Reinhard Siemes
www. texterschule. de

Gerade haben wir viele Worte gemacht und über Worte nachgedacht. Wie wäre es jetzt mit ein paar bewegten Bildern?

Bitte umblättern!

Action

Wie bewegte Bilder bewegen

Film: Mehr Realität gibt es nicht!

Kein anderes Medium fesselt so viele Menschen so lange an den Sessel wie das bewegte Bild in Film und Fernsehen. Das Fernsehen erreicht mehr Menschen als Tageszeitungen und Hörfunk, vom Internet ganz zu schweigen.

Dreieinhalb Stunden pro Tag saß im letzten Jahr im Durchschnitt jeder Deutsche vor dem Fernseher. Zieht man alle Kinder und diejenigen ab, die nicht fernsehen, kommt man für Erwachsene sogar auf eine tägliche Verweildauer von viereinhalb Stunden. Dabei fällt auf, dass sich die Sehdauer in den letzten 15 Jahren um fast die Hälfte gesteigert hat. Der Bildschirm ist das »Fenster zur Welt«. Bewegte Bilder schaffen Realität – mehr Realität gibt es eigentlich nicht. Und diese Realität versteht jeder. »Glotzen« kann jeder – auch der Analphabet. Jeder kann die laufenden Bilder anschauen und verstehen.

Fernsehen ist das Leitmedium der Medienzeit. Menschen werden zu weltweiten Stars, Gesichter zu Ikonen, Filme und Dialoge zu Kultur und Kult. Bewegte Bilder bewegen die ganze Welt – jeder Gestalter muss sich deshalb hier sensibilisieren und inspirieren.

Zapp: Schalten wir ein!

Der Bildschirm wechselt von Grauschwarz in Farben, der Ton fährt hoch: Jetzt schauen und hören wir in die Welt hinein.

Texte, Bilder, Farben, Klänge, Bewegung – Licht, Ton, Musik: Film und Fernsehen vereinigen alle gestalterischen Möglichkeiten auf einer Fläche – dem Bildschirm. Es flimmert, rauscht, steht still, bewegt sich: Das bewegt. Fernsehen und Kino sind die emotionalsten Mediengattungen, sie gehen direkt in Bauch und Herz.

Das Medium der Bewegtbilder bietet eine Rundum-Versorgung der Sinne. Weniger die Imaginationskraft des Zuschauers, sondern seine Aufnahmekapazität zählt: Das Bild ist fertig. Es muss nur noch konsumiert und interpretiert werden. Deshalb sind Stichwörter wie »mediale Verblödung«, »Veränderung des Menschenbildes durch Fernsehen« oder »Verlust der Kindheit durch TV-Konsum« Dauerbrenner-Themen in den Talkshows und Feuilletons. Das Fernsehen wird angesichts von Dschungelcamps, Soaps, Reality-Shows und anderen, teilweise »unterirdischen« Programmangeboten zurecht kritisch beleuchtet. Tatsache ist, die Bewegtbilder prägen unser Bild der Wirklichkeit. Unsere Stereotype von Afrika (»Hunger, Elend und Elefanten«), den USA (»New York und ein bisschen Drumherum«) oder dem Nahost-Konflikt und dem Islam sind Fernseh-Bilder. Was wir da sehen, nehmen wir zuallererst einmal kritiklos für bare Münze.

Was neben dem gezeigten Bild passiert, was hinter den Bildern geschieht, das bleibt im Dunkeln. So gilt unter Fernsehjournalisten der einfache Grundsatz: Ohne Bild keine Nachricht.

Hilfsorganisationen etwa wissen ein trauriges Lied davon zu singen. Gibt es von einer humanitären Katastrophe keine Fernsehbilder, bleibt sie unbeachtet, ergo: Es gibt keine Spenden. Realität ist das, wozu es ein Kamerabild gibt. Doch auch das, was kraft der bewegten Bilder Realität erlangt, ist immer nur ein Ausschnitt, bewusst ausgewählt, um eine Botschaft zu transportieren: Interpretation der Wirklichkeit. Was in unmittelbarer Nähe außerhalb des Bildes geschieht, das erfährt der Zuschauer nicht. Hier besteht also eine große Manipulationsgefahr. Zudem erlaubt die moderne Technik der Bildbearbeitung, Details zu entfernen, zu schönen oder umzudeuten.

Bewegte Fernsehbilder sind ein Massenmedium mit jeder Menge Möglichkeiten, die Blickweise der Zuschauer zu manipulieren.

Maschendrahtzaun

Das hohe Gut Aufmerksamkeit, nach dem alle ständig streben, wird durch das Fernsehen besonders reichlich vergeben: Das nutzt nicht nur der Politiker, sondern auch der Nachbar von nebenan.

An Andy Warhols Feststellung, dass jeder Mensch für 15 Minuten berühmt werden kann, hat Zlatko Trpkovski sicher nicht gedacht, als er sich für »Big Brother« bewarb. Dennoch machte die Containershow ihn berühmt. Seine Proletenattitüde machte den arbeitslosen Automechaniker zum Medienliebling. Nach einem platingeschmückten Nummer-eins-Hit ging sein Stern bei der deutschen Vorentscheidung zum Grand Prix allerdings genauso schnell wieder unter.

Maschendrahtzaun in the Morning: Etwas anders erging es der Vogtländerin Regina Zindler. Mit ihrem Nachbarn über seinen Knallerbsenstrauch verzankt, suchte sie selbst die Öffentlichkeit einer TV-Gerichtsshow. Comedy-Star Stefan Raab baute ihre Stimme in einen Song ein und landete damit einen Hit. Die Maschendrahtzaun-Besitzerin wurde auch zum Star. Hunderte standen täglich vor ihrem Haus, das sie irgendwann entnervt verkaufte, um nach Berlin zu ziehen.

Eine andere traf es schlimmer. Lästerkünstler Raab hatte sich mit obszönen Witzen über den Namen einer Schülerin so verletzend lustig gemacht, dass ein Gericht ihr eine beträchtliche Summe Schadenersatz zugestand. In die Öffentlichkeit hatte sie nicht gewollt, aber gegen die Macht des Mediums Fernsehen hatte sie keine Chance.

Zehn Minuten über eine Saftpresse zu reden ist eine Kunst. Doch es gibt Menschen, die können das. Und die arbeiten dann bei einem Teleshopping-Sender. Meist sind die Kunden Frauen ab 40, die genügend Geld haben, spontan am Telefon einzukaufen. Weil nicht viel Zeit zum Überlegen bleibt, werden auch keine Waschmaschinen verkauft, sondern Töpfe, Teppichreiniger und Schmuck. Und die weite Welt. So bietet Sonnenklar-TV Reisen vieler namhafter Veranstalter an. Neben nur für den Sender konzipierten Paketen locken Preisvorteile die Kunden vor das Gerät. Auch wenn ihr Marktanteil gering ist, die Sender, die rund um die Uhr senden, haben eine stabile Fangemeinde und sind sehr profitabel. Der größte deutsche Shopping-Anbieter QVC (Quality, Value and Convenience) hat 2004 einen Umsatz von 516 Millionen Euro gemacht. Der Sender strahlt über Satellit und Kabel in 37,5 Millionen Haushalte in Deutschland und Österreich.

Alle glotzen!

Als sinneübergreifendes Medium ist Fernsehen natürlich auch für die Werbetreibenden das Leitmedium. Und deshalb auch das begehrteste und teuerste, bis vor kurzem war TV und bewegtes Bild nur ein Thema für große Budgets. Die Medienlandschaft und die technischen Möglichkeiten haben sich aber radikal verändert und eröffnen jetzt neue Möglichkeiten. Das allmähliche Entstehen von regionalen Sendern erlaubt hier – analog zur Entwicklung von lokalen Radios – auch bei schmaleren Budgets den Einsatz von Filmen für die Kommunikation. Ebenso bietet die Diversifizierung der TV-Landschaft in unzählige Nischen- und Spartenkanäle und spezielle Business-Channels Chancen für die bewegte Präsentation von Botschaften für spezielle Stilgruppen. Gleich aber welches Budget oder Genre gefragt ist, die Vorteile der bewegten Bilder sprechen für sich:
»Die Faszination des Fernsehens liegt weit außerhalb von Daten und Zahlen. Dank der Kombination von bewegtem Bild und Ton wirkt Fernsehwerbung multisensorisch und damit aufmerksamkeitsstark. Seine Breitenwirkung, Aktualität und Suggestivkraft ermöglichen emotionale Auftritte. Fernsehen wird als ›mit eigenen Augen gesehen‹ wahrgenommen, also als authentisch und selbst überprüft erlebt.«

Alle drehen!

Bewegte Bilder finden aber nicht nur im Fernsehen und nicht nur als Unterhaltung statt: Sie sind Kunstform und Informationsquelle. Videos, Clips, Kurzfilme, Experimentalfilme, Kinofilme, Dokumentationen – die Liste der Möglichkeiten, mit Film zu arbeiten, ist lang. Und wird immer länger. Denn die digitale Revolution macht wirklich jeden zum potenziellen Filmemacher und Regisseur von bewegten Bildern – Quicktime-Movies per Digitalkamera oder Digicam-Filme mit digitaler Nachbearbeitung am PC: Alles wird und ist möglich. Selbst das Handy ist zum Medium für bewegte Gestaltung geworden, es gibt bereits spezielle Kreativwettbewerbe für per Handy aufgenommene Kurzmovies, ganz zu schweigen von der aktuellen Vision des massenfähigen Handy-TVs. Und natürlich werden die Möglichkeiten genutzt. Interessant sind hier auch die Experimente im Netz – Filme sind dort bereits Alltag auf Unternehmens- oder Marken-Websites. Google beschäftigt sich zurzeit mit den Möglichkeiten bewegter Spots auf der Suchmaschine. Täglich entstehen neue mediale Plattformen für Filme. Wie sehr bewegte Bilder ganze Märkte verändern, ist gut am Beispiel der Musikindustrie zu beobachten. Musik wird wie selbstverständlich via Bild transportiert und kommuniziert. Das Musik-Video verhilft dem Song zu Popularität und Aufmerksamkeit – eigene Spartenkanäle wie MTV und Viva verdanken ihre Existenz genau diesem Konzept der Verbildlichung von Tönen. Meister des Musikvideos, wie der Fotograf Anton Corbijn, prägen das Bild der Popmusik in kunstvollen Videos etwa für U2 (»One«), Herbert Grönemeyer (»Mensch«) oder Nirvana. Im Bereich der visuellen Präsentation spielt der Film eine dominierende Rolle – zum Beispiel auch in Form des Videos für den Messeauftritt oder als Unternehmensvideo für das Image. Oder als Kunstvideo oder Musikvideo für die Promotion einer Kunstidee oder eines Songs. Das sind hervorragende Einsatzmöglicheiten und Herausforderungen selbst für kleine Budgets, vor allem aber für ambitionierte Gestalter. Denn die Technik ist in digitaler Qualität für jeden Einsatz vorhanden, jetzt geht es darum, etwas daraus zu machen: Action!

Quoten, Quoten, Quoten!

Wie hoch die Aufmerksamkeit tatsächlich war, das misst die Quote. In vielen Sendern gehört sie zum Frühstück der Redakteure wie der Kaffee. Mit der Quote werden Reichweite und Marktanteil eines Senders gemessen. Die Reichweite beziffert die Anzahl der Personen, die durchschnittlich eine Sendung sehen. Seit 20 Jahren führt die Gesellschaft für Konsumforschung (GfK) diese Messungen im Auftrag aller Fernsehsender durch. Sie hat 5.640 Privathaushalte ausgewählt, die 73 Millionen Menschen ab drei Jahren repräsentieren. Dazu gehören alle Personen mit einer deutschen oder einer EU-Staatsangehörigkeit.

Eingeführt wurde die Messung der Einschaltquote mit dem Start des ZDF 1963. Damals erfasste ein Messgerät die ausgewählten Haushalte, seit 30 Jahren wird jedes Mitglied eines Haushalts einzeln registriert. Einschalten, umschalten und ausschalten eines Fernsehkanals werden sekundengenau erfasst.

Anfangs diente die Quote vor allem der Programmplanung. Inzwischen bestimmt sie den Preis einer Werbeminute: Je mehr Menschen einem Programm zuschauen, desto höher ist der Preis für einen Werbespot in dieser Umgebung. Damit hat die Quote seit der Einführung der Privatsender eine große Bedeutung für die Finanzierung der Sender.

Manchmal schreibt jemand am Drehbuch einer Serie mit, der da gar nichts zu suchen hat – die Industrie. Dann sieht das Reisebüro in einer Vorabend-Soap der Filiale eines realen Veranstalters zum Verwechseln ähnlich. So geschehen im »Marienhof«. Über zehn Jahre konnten Unternehmen ihre Produkte in dieser Sendung platzieren. Für zehn Product Placements wurde zum Beispiel ein Paketpreis von 175.000 Euro verlangt. Dabei wurde eine Dose nicht einfach in die Kamera gehalten, das geht viel subtiler. Die Darsteller unterhalten sich über die Vorteile von Energydrinks, nachdem sie Dosen aus einem Automaten gezogen haben, die einem tatsächlichen Produkt nachempfunden sind, nur das Logo fehlt. In Österreich ist es erlaubt, und auch die Europäische Union lässt es zu: Product Placement. Doch in Deutschland ist es verboten. Deswegen weitete sich die Offenlegung der Praktiken bei der Bavaria, die auch »Marienhof« produziert, zu einem Skandal aus. Der Chef der TV-Produktionsfirma, bei der vier ARD-Sender Gesellschafter sind, musste gehen. Dennoch ist die Platzierung von Marken in Fernsehsendungen ein blühendes Geschäft, an dem viele Agenturen verdienen.

Neu ist das alles nicht. Früher hieß es Schleichwerbung und kam auch in der »Lindenstraße« vor. In der Sozial-Soap der ARD standen vor 20 Jahren jedoch recht plump einfach die Produkte eines Food-Konzerns auf dem Esstisch.

Und Kino ist das Größte!

Und das Kino, das ist schließlich »das Größte«: einmal als Urmedium der großen Gefühle auf der großen Leinwand im Hollywood- oder Bollywood-Format. Formate, die immer wieder neue Rekorde aufstellen und XXL-Dimensionen erreichen, was Budgets, Gagen, Marktanteile und Visionen betrifft. Im Kino ist aber auch Platz für Experimente, für anspruchsvolle Autorenfilme oder spannende Dokumentationen. In die Welt der großen Leinwand gehört der Kinospot. Eine Königsdisziplin der Werbetreibenden. Das ist auch der Grund, weshalb ein Kreativer mindestes einmal im Jahr rein beruflich ins Kino geht: Wenn die »Cannes-Rolle« mit den weltweit besten und kreativsten Spots der internationalen Werbeszene läuft. Wie man auf die Cannes-Rolle kommt und einen »Löwen« gewinnt? Klar, mit Konzept. Auffällig oft gewinnen die Filme im »Low-Budget-Look« mit wenig Technikeinsatz, aber einer starken, zündenden Idee.

Cut!

Klar, auch hier im Action-Bereich der bewegten Gestaltung sind tragfähige Konzepte gefragt. Konzepte, verstanden als »das Gesetz der Serie« – hier sind sie zu Hause. Hier lebt die Serie immer wieder neu auf. Dallas, Denver, Desperate Housewives oder Sex in the City: Der Bedarf an Longrun-Ideen und Konzepten ist enorm, wenn wir uns die wachsende Zahl der Sender und Programme anschauen. Es gibt viel zu tun. Viel Arbeit für Mediengestalter und Konzeptioner – und die Storyliner. Das sind die Köpfe hinter den Soaps und Serien, sie entwickeln die Plots, entwerfen die Charaktere und schreiben die in sich verschränkten Handlungsstränge. Die Storyliner wissen auch genau, wie es in der nächsten Folge weiter geht. Für diese nächste Folge entwickeln sie den »cliff hanger«: die offene Frage am Schluss der Folge, die den Zuschauer zum »Dranbleiben« nötigt.

Alle sind Experten!

Unsere Sozialisierung ist via Fernsehen erfolgt. Ob Bonanza, Flipper, Lindenstraße oder Gute Zeiten, schlechte Zeiten: Wir sind erprobte Zuschauer. 2006 eröffnete in Berlin das erste Fernsehmuseum seine Pforten, hier lagert das kollektive Fernsehgedächtnis Deutschlands, vernetzt mit anderen Mediensammlungen. Und weil das Publikum mit diesem Medium groß geworden ist, hängt für den Mediengestalter hier die Messlatte besonders hoch. Die Qualität der Idee und die Produktionsqualität in der Umsetzung sind hier ganz besonders wichtig. Für konzeptionell arbeitende Gestalter ist das kein Problem.

Schöne Aussichten!

Eigentlich ist nicht die Fernbedienung der Feind der Aufmerksamkeit, vielmehr sind es flaue Ideen und flache Storys. Unter der Überschrift »Lieber Grips-Fernsehen statt Trash-TV« titelte das Fachmagazin »w&v« und brachte damit die Tatsache, dass immer mehr Zuschauer den »konstruierten Konzepten« eine Absage erteilen, auf den Punkt. Fernsehen mit Lerneffekt ist auf dem Vormarsch in der Zuschauergunst. Und das gerade auch auf den privaten Kanälen. Das Dschungelcamp und die Container von Big Brother sind leer und verlassen. Gut so!

Bei der Bewegtbild-Galerie zeigen wir bewusst keine Bilder aus Filmen. Bewegung kann auch ohne bewegte Bilder wahrgenommen werden.
In der gestalteten Fläche eines Fotos kommt es zu visueller Bewegung durch die Form der Objekte, durch die Komposition (Rubens ist ein fantastisches Beispiel) oder durch gelernte und mit Bewegung in Verbindung gebrachte Darstellung wie zum Beispiel Unschärfe.

Erkennen Sie die visuelle Bewegung!

Boy meets girl

Jede Filmproduktion beginnt mit einer (Konzept-)Idee. Ein Film will etwas sagen oder erzählen. Die Grundidee, der so genannte Plot, lässt sich in der Regel sehr kurz zusammenfassen: Ein Mann und eine Frau lernen sich kennen. Sie verlieben sich ineinander. Nach vielen Irrungen und Wirrungen heiraten sie. Eine Person erfährt von einem Schatz. Sie macht sich auf die abenteuerliche Suche. Dann findet sie ihn oder findet ihn gerade nicht oder verliert ihn am Ende. Der Plot enthält Anfang und Ende der Story.

Zum ersten Mal ausformuliert wird der Plot in einem Exposé. Es enthält auf wenigen Seiten eine grobe Inhaltsangabe der Geschichte.

Vom Plot zum Spot

Nach dem Exposé geht es an die Ausarbeitung des Treatments. In größerem Umfang wird dabei die Grundidee zu einer Handlung ausgebaut. Das Treatment ist die Vorstufe des eigentlichen Drehbuchs, es verzichtet jedoch noch gänzlich auf genaue Dialoge und Handlungsanweisungen. Die einzelnen Personen und Charaktere werden so weit beschrieben, wie es für das Verständnis der Geschichte notwendig ist. Bereits beim Schreiben des Treatments entstehen Skizzen wichtiger Szenen, die späteren Schlüsselszenen. Das Treatment wird zum Prüfstein für den Gehalt und die Dramaturgie der Story.

Dramaturgie in drei Phasen

Unter Dramaturgie versteht man im Film die Struktur der erzählten Geschichte. Im Prinzip klärt die Dramaturgie, wann der Zuschauer wie ins Bild gesetzt wird. Wie die Spannungsbögen verlaufen, damit der Zuschauer »dranbleibt« und den Film mit Interesse und Lust verfolgt.

Eine Filmhandlung durchläuft meist drei dramaturgische Phasen. Eckpunkte dieses Drei-Phasen-Schemas sind Anfang und Ende des Films. In der ersten Phase, der Exposition, stehen das Thema, die Figuren sowie der zeitliche und lokale Hintergrund der Geschichte im Fokus. Am Ende der Exposition sollte jeder Zuschauer die Fragen: »Was?«, »Wer?«, »Wann?« und »Wo?« beantworten können. Im Zentrum der Geschichte steht in der Regel ein Problem, das gelöst werden muss. Das Interesse des Zuschauers wird umso mehr geweckt, wenn er das Problem versteht und emotional nachvollziehen kann.

Spätestens hier beginnt ein dramaturgischer Spannungsbogen, der im besten Fall bis zum Ende des Films nicht mehr nachlässt.

Der Zuschauer will nun wissen, wie das Problem gelöst wird.

Im zweiten Teil, der Konfliktphase, treten die Figuren zueinander in Beziehung und setzen sich mit dem Problem auseinander. Die Konfliktphase ist der Hauptteil der Handlung, zeitlich ist sie meist doppelt so lang wie die erste und die letzte Phase. Am Ende des zweiten Abschnitts spitzt sich der Konflikt zu – jetzt muss er sich irgendwie auflösen! Der Film geht in seine dritte und letzte Phase. Hier kommt es zum Höhepunkt der Geschichte: dem Showdown. Er sollte absolut glaubhaft oder absolut verblüffend sein, so wird der Zuschauer am stärksten gefesselt.

Im Prinzip sind Spannung und Dramaturgie also davon abhängig, in welchen »Portionen« der Zuschauer die entscheidenden Hinweise und Informationen bekommt, um die Story zu durchblicken und die Handlungen der einzelnen Protagonisten zu verstehen. Im Kriminalfilm etwa sind das die Indizien bis zu dem Punkt, wo der entscheidende Hinweis kommt, wer der Mörder ist.

Doch um die Informationen richtig zu platzieren, muss sich der Autor von vornherein über Anfang und Ende der Geschichte im Klaren sein. Das Drei-Phasen-Schema ist dazu natürlich variierbar. Innerhalb eines Abschnitts kann es zu Nebenhandlungen kommen, die häufig ebenfalls nach einem Drei-Phasen-Schema ablaufen. Damit die Geschichte nicht in lauter kleinere Geschichten zerfällt, sollte auch die Nebenhandlung dramaturgisch immer notwendig und der ganzen Story dienlich sein.

Alles eine Frage der Perspektive

Schon das Treatment muss die Frage nach der Perspektive, aus der die ganze Geschichte erzählt wird, beantworten. Wird eine Geschichte beispielsweise aus der Sicht nur einer Figur erzählt, bekommt der Zuschauer auch nur dasjenige Wissen, das die Erzähler-Figur hat. Zuschauer und Figur entdecken dann im Handlungsverlauf gemeinsam, was das Problem ist und wie es gelöst werden kann. Der Zuschauer erlebt den Konflikt quasi am eigenen Leibe. In den meisten Fällen wird jedoch die Geschichte aus der Sicht mehrerer Figuren zugleich erzählt – das steigert die Spannung und eröffnet mehrere Sehweisen auf die Story.

Ein Filmklassiker wie »Rashomon« von Akira Kurosawa (1950) thematisiert genau dieses Phänomen der unterschiedlichen Erzählperspektiven meisterhaft. Der Zuschauer bekommt immer mehr Informationen von verschiedenen Personen, aber auch am Ende bleibt die Wahrheit im Verborgenen.

Meist aber entwickelt sich am Schluss aus der multiplen Perspektive eine eindeutige Lösung: Die Wahrheit steht am Ende des Films. Nicht immer gibt es ein »Happyend«! So gibt der offene Schluss eines Films dem Zuschauer nach dem Ende des Geschehens auf dem Bildschirm eine Aufgabe mit.

Drehbuch

Steht der Plot in seinen dramaturgischen Grundzügen, geht es an die Detailarbeit. Das Drehbuch wird geschrieben, es ist die Grundlage und Arbeitsvorlage für die gesamte Produktion – ein Zwitter zwischen Theaterstück und Roman. Das Drehbuch enthält alles, was im Film vorkommen wird. Sämtliche Dialoge sind im Wortlaut formuliert, und auch die grundlegenden visuellen Umsetzungen, die Szenen, sind definiert. Adressaten des Drehbuchs sind der Produzent und der Regisseur. Der Produzent entscheidet, ob sich eine Geschichte umsetzen lässt, und der Regisseur, wie dies geschehen soll. Genaue Angaben über die Länge der Szenen, die Auflösung und den Schnitt können außen vor bleiben. Hingegen sollte das Drehbuch bereits Klarheit darüber verschaffen, an welchen Orten die Geschichte spielt und welche Utensilien und Requisiten notwendig sind. Da es hauptsächlich der visuellen Umsetzung dient, enthält es nur die wichtigsten Regieanweisungen. Es erklärt, welche Dinge unbedingt gezeigt werden müssen, vielleicht auch, aus welcher Perspektive dies geschehen muss.

Für das Drehbuch gilt der Grundsatz: »Zeigen statt erzählen.« Der Film ist vor allem ein visuelles Medium. Und alles, was durch Bilder gezeigt werden kann, muss nicht noch einmal gesagt werden. Die Dialoge können sich also stark auf die inneren Perspektiven und Vorgänge der Menschen konzentrieren, alles das, was schwer zu visualisieren ist. Andernfalls besteht die Gefahr der Verdopplung: Eine Figur, die gerade weint, muss nicht sagen, dass sie traurig ist, sondern sie spricht über den Grund, warum sie traurig ist. Wird in einer Szene eine Handlung angekündigt, so reicht es aus, in der nächsten ihr Ergebnis vorzuführen und dem Zuschauer genug Informationen zu geben, damit er Grund und Folge wieder erkennt.

Ein gutes Beispiel für die Gefahr von Verdopplungen bietet der Telefondialog. Natürlich sollte er realistisch wirken, doch den Zuschauer interessiert vor allem, welchen Zweck das Telefonat erfüllt. In der Realität enthält ein normales Telefonat darüber hinaus noch eine ganze Reihe anderer Elemente wie Begrüßung, Vorstellung, Geplauder usw. Doch der Zuschauer weiß ja bereits, wer die Figur ist und was sie will. Für die Dramaturgie ist allein entscheidend, ob das Ziel, zum Beispiel eine bestimmte Auskunft zu bekommen, erreicht wird oder nicht. Ein Telefondialog kann auf seine entscheidenden Sätze gekürzt werden. Damit Figuren lebendig und glaubhaft wirken, empfiehlt es sich, das Handeln, Wollen und Fühlen der Figuren stets im Blick zu behalten. Außerdem lässt sich zusätzlich Spannung aufbauen, wenn zwischen diesen Dimensionen ein Widerspruch entsteht. Dies ist zum Beispiel dann der Fall, wenn eine Figur eine Handlung zwar ankündigt, aber nicht ausführt, oder sie etwas anderes ausführt als sie angekündigt hat. Derartige Widersprüche schaffen interessante und glaubhafte Charaktere und bauen Spannung auf.

Regie, Storyboard und Auflösungsarten

Steht das Drehbuch, beginnt die Gestaltung der Storyboards. Spätestens jetzt kommt der Regisseur ins Spiel. Bis zur Fertigstellung des Films hat er nun in allen Fragen der visuellen Umsetzung das letzte Wort. Ihm obliegt auch der letzte Schnitt (director's cut). Das Storyboard erarbeiten Regisseur und Zeichner gemeinsam. Dabei gehen beide Szene für Szene durch und planen die Einstellungsfolge und die visuelle Struktur der einzelnen Sequenzen.
Im Zentrum stehen folgende Fragen: Wo steht die Kamera? Welche Perspektive fängt sie ein? Was zeigt die nächste Einstellung? Von Alfred Hitchcock, für den das Storyboard ein unverzichtbares Hilfsmittel war, ist der Satz überliefert, sei-

ne Filme seien bereits vor Beginn der Produktion fertig gewesen. Heute neigen viele Filmemacher dazu, auf das Storyboard zu verzichten, doch eigentlich verzichten sie damit auf mehrere Vorteile. Denn das Storyboard erlaubt es dem Regisseur, noch vor Drehbeginn die Umsetzung seiner Ideen in allen Einzelheiten vorzubereiten und »durchzugehen«. Oft lassen sich bei der Erstellung eines Storyboards bereits Schwierigkeiten erkennen oder auch neue Ideen entwickeln. Von den Dreharbeiten bis zum Schnitt bietet das Storyboard für Regisseur und Filmteam außerdem eine gute Kommunikationsgrundlage. Bei großen Filmproduktionen beginnen die Storyboardzeichner schon drei bis vier Monate vor Drehbeginn mit der Arbeit. Da sie den späteren Film in Einzelbildern vorwegnehmen, müssen sie das Zeichnen des menschlichen Körpers in verschiedenen Posen beherrschen und mit der Kameraarbeit im Film vertraut sein. Um eine Vorstellung von den zukünftigen Schauplätzen zu bekommen, ist es gut, zuvor Fotos zu machen und auf dieser Basis die Perspektiven und die Gestaltung des Filmsets zu planen. Das Storyboard sollte schließlich alle wichtigen Fragen der Kameraarbeit wie Perspektive, Brennweite des Objektivs und Bewegungsabläufe schlüssig beantworten. Auch die Stimmung einer Szene und die Lichtführung sind dabei relevant. Im

Prinzip zeigt das Storyboard den Film bereits so, wie er am Ende sein soll – Einstellung für Einstellung. Meist wird mit mehreren Kameras gedreht, und die Wahl der besten Einstellungen ergibt sich erst am Schneidetisch. Was aber passiert, wenn gerade in einer bestimmten Szene eine besondere Kameraperspektive nötig gewesen wäre und das Material jetzt nicht vorliegt? Um dies zu vermeiden, sollten am Storyboard die entscheidenden Szenen vorgeplant werden.

Auflösung

Das Storyboard zeigt Bild für Bild, wie die Szenen in einzelne Einstellungen aufgeteilt sind. Man nennt dies die Auflösung eines Films. Weil die Kamera nur einen Ausschnitt der Wirklichkeit liefert, sehen wir im Film die Dinge immer in und aus einer bestimmten Perspektive.

Entscheidet sich der Regisseur für eine bestimmte Einstellung, das heißt für eine bestimmte Perspektive, so legt er damit bereits fest, welche Informationen der Zuschauer bekommt und welche Sichtweise er einnimmt. Was diese Informationen wert sind, ergibt sich aus dem Zusammenhang mit den anderen Szenen. Bei der Planung der Auflösung sollten also die einzelnen Einstellungen nie isoliert voneinander, sondern stets mit Bezug auf den ganzen Film betrachtet werden. Mit jedem Wechsel der Ein-

stellung bekommt der Zuschauer neue Informationen, und das Tempo wird gesteigert. Zu viele verschiedene Einstellungen gehen oft zu Lasten des Zuschauers. Die Kunst besteht gerade darin, mit wenigen Einstellungen so viel Geschwindigkeit und Intensität wie möglich zu erzeugen. Die Größe einer Einstellung ergibt sich aus der Brennweite des Kameraobjektivs. Ändere ich die Brennweite, werden eine andere Tiefenschärfe und ein anderes Raumverhältnis erzeugt.

So verfügen Tele-Einstellungen über eine geringere Tiefenschärfe als Aufnahmen im Weitwinkel. Räumliche Bewegungen wirken zwar in der Tele-Einstellung weniger dynamisch, dafür wird die Aufmerksamkeit des Betrachters stärker auf ein bestimmtes Objekt gelenkt.

Fünf Einstellungsarten

Die Totale (long shot): Einstellungen in der Totalen zeigen das Objekt in seiner ganzen Umgebung, manchmal sogar nur die Umgebung. Aufnahmen in der Totalen wirken meist kühl und distanziert. Häufig arbeitet man mit der Totalen, um in eine Szene einzuführen. Die Totale erlaubt dem Schauspieler den vollen Einsatz von Körpersprache.

Die Halbtotale (full shot): Die Halbtotale präsentiert uns ein Objekt in seiner Umgebung, wobei der Fokus bereits auf dem Objekt selbst liegt.

Der Zuschauer erhält Informationen auf drei Ebenen: im Vordergrund die Nahaufnahme eines Objekts, in der Bildmitte die Halbtotale selbst, schließlich der Hintergrund, von dem sich das Objekt abhebt.

Die Amerikanische: Aus dem praktischen Umgang mit der Halbtotalen hat sich die so genannte »amerikanische Einstellung« ergeben. Damit reagierte man auf das Problem, dass Gegenstände im unteren Bildbereich stets »näher« erscheinen als im oberen. Praktisch bedeutet dies: Zeigt man Personen immer in voller Gestalt, so lenken Füße und Beine die Aufmerksamkeit des Zuschauers ab, und er konzentriert sich langfristig nur noch auf den oberen Bildbereich, wo die Gesichter und Gesten zu sehen sind. Die amerikanische Einstellung zeigt Personen daher in den meisten Fällen nur bis knapp unterhalb der Taille, so dass die Köpfe ein wenig über der Bildmitte liegen. Die »Amerikanische« ist noch immer die gebräuchlichste Einstellung, um Dialogszenen mit mehreren Personen zu filmen.

Die Nahaufnahme (medium shot): Sie konzentriert sich nur noch auf ein bestimmtes Objekt und verringert die Informationen über den Hintergrund. Bei Personen versteht man unter Nahaufnahme oft, dass nur Brust und Kopf zu sehen sind.

Die Großaufnahme (close-up): Werden Objekte in Großaufnahme ge- zeigt, erfährt der Zuschauer nahezu nichts mehr über den Hintergrund. Die Kamera geht ins Detail. Gestik, Mimik sowie körperliche Merkmale wie Haare, Augen und Finger treten in den Vordergrund. Handelt es sich um die Großaufnahme eines Gesichts, so wird dies meist neben dem Bildzentrum platziert, um zu starke Gleichförmigkeit in der Komposition zu vermeiden. Diese dezentrale Positionierung ist umso gebräuchlicher, je breiter das Bildformat ist. Die Großaufnahme bildet den größten Gegensatz zur Totalen, und beide sollten nur mit großer Vorsicht direkt aufeinander folgend verwendet werden.

Achsenschema

Die Kombination der verschiedenen Einstellungen hängt stark davon ab, aus welcher Perspektive eine Geschichte erzählt oder ein Thema dargestellt werden soll. Der Zuschauer darf natürlich nie merken, dass eine Kamera anwesend ist – er soll das Gefühl haben, direkt und selbst beim Geschehen dabei zu sein. Um dem Zuschauer hier ein »echtes« Raumgefühl zu vermitteln, ist bei der Kameraarbeit auf die Achsenverhältnisse zu achten. Ein Beispiel: In einer Dialogszene stehen zwei Personen einander gegenüber und unterhalten sich. Wollten wir diese Szene mit nur einer Kamera filmen, so müssten wir stets zwischen beiden Personen hin- und herschwenken, genauso, wie man den Kopf ständig von rechts nach links dreht, wenn man einem fremden Gespräch zuhört. Beide Dialogpartner sprechen in eine bestimmte Richtung, die linke Person nach rechts, die rechte Person nach links. Heute arbeiten Filmproduktionen mit mehreren Kameras und können so auf den Schwenk von der einen zur anderen Person verzichten. Damit die Einstellungen der einzelnen Kameras weiterhin realistisch erscheinen, sollten sie in einem Halbkreis um die beiden Objekte positioniert sein und diese Hälfte des Kreises nicht überschreiten. Man stelle sich am besten vor, zwischen den beiden Personen würde eine Achse verlaufen, die ihrer Blickrichtung entspricht. Diese Achse fungiert zugleich als Durchmesser eines Kreises. Soll der Dialog nun in der Weise gefilmt werden, dass der Zuschauer das Gefühl hat, wirklich dabei zu sein, dann dürfen sich die Kameras nur auf der einen Hälfte des Kreises bewegen. Springt die Kamera auf die andere Seite, so entsteht der verwirrende Eindruck, dass beispielsweise die linke Person zwar nach rechts schaut, aber auch die rechte Person nach rechts schaut, das heißt beide blicken ins Leere oder reden aneinander vorbei. Man nennt dies einen Achsensprung.

Die konventionellen Kameraeinstellungen basieren alle auf diesem Schema. Selbst bei einer Schuss-Gegenschuss-Einstellung (oder auch: Point of View, POV, Schuss über die Schulter) sind die Kameras nie genau hinter dem Rücken einer Figur angeordnet, sondern in einer leichten Schrägstellung auf der sich aus der Achse ergebenden Kreisbahn.

Eine zusätzliche Kontinuitätswirkung ergibt sich, wenn die Kameras symmetrisch angeordnet sind und die gleichen Winkelverhältnisse herrschen. Betritt eine dritte Person die Szene, ergibt sich zwischen ihr und ihrem Gegenüber eine neue Achse und damit ein neuer Halbkreis, in dem sich die Kameras frei bewegen können. Der Zuschauer hat sich nämlich bereits an die vorangegangenen Achsenverhältnisse gewöhnt. Verlässt die dritte Person später die Szenerie, verlangt dies vom Regisseur eine Entscheidung: Entweder er kehrt in seine frühere Perspektive zurück, oder er filmt den Dialog nun aus einer neuen Perspektive und etabliert eine neue Achse. Entscheidet er sich für die erste Möglichkeit, so spricht man von einer Rückführungseinstellung (reestablishing shot). Doch ist eine solche Rückführung nicht zwingend, und das Auftauchen einer neuen Person oder eines neuen Objekts ist ein beliebtes Mittel, um eine neue Achse zu etablieren.

Ein gezielter Sprung sollte erst dann vollzogen werden, wenn der Zuschauer einmal ein Gefühl für die räumlichen Verhältnisse einer Szene entwickelt hat. Danach ist es dem Regisseur überlassen, ob er einen Wechsel der Perspektive für sinnvoll erachtet. Das Achsenschema soll dem Zuschauer lediglich die Richtung einer Aktion deutlich machen. Das gilt auch für ein einzelnes, sich bewegendes Objekt wie zum Beispiel einen Fußgänger. Die Richtung der Bewegung kann hierbei als Achse fungieren. Wird nun der Fußgänger mal von der einen Seite der Achse, mal von der anderen Seite aus gefilmt, verliert der Zuschauer schnell den Überblick und weiß nicht mehr genau, in welche Richtung der Fußgänger sich eigentlich bewegt. Damit ein gezielter Achsensprung unbemerkt bleibt und keine Verwirrung stiftet, gibt es drei klassische Methoden:

1. Eine neue Person betritt die Szenerie und bringt eine neue Handlungsachse mit ins Spiel.

2. Eine Person oder ein Objekt ändern ihre Handlungs- oder Sprechrichtung, und die neue Richtung wird für einen Achsensprung genutzt.

3. Die Kamera folgt so lange einem Objekt, bis der Zuschauer verstanden hat, auf welches Ziel es sich zubewegt. Danach kann dieselbe Bewegung von einer neuen Position aus gefilmt werden.

Es gibt also viele Möglichkeiten für den Regisseur zu entscheiden, wann sich die Kameraführung nach dem Achsenschema richtet. In Dialogszenen werden Achsensprünge gern genutzt, um so die Intensität der Situation zu steigern. Sie werden dabei oft mit einem Schnitt von der Halbtotalen in die Nahaufnahme verbunden.

Schnitt

Ist das Filmmaterial abgedreht, beginnt die Arbeit im Schneideraum. Der Schnitt soll Kontinuität in die Abfolge der einzelnen Einstellungen und Szenen bringen. In der Regel stehen dem Bildmischer für die Montage jeder Szene eine Vielzahl von Aufnahmen zur Verfügung. Aus diesem Grund orientiert man sich in der praktischen Schneidearbeit meist an der Haupteinstellung einer Szene (master shot), die aus der Halbnahen gedreht wurde. In diese werden dann andere Einstellungen hineingeschnitten.

Damit die Übergänge zwischen den geschnittenen Einstellungen fließend wirken, sollten diese jeweils ein verbindendes Element aufweisen. Diese so genannten Anschlussarten können zeitlicher, räumlicher oder logischer Natur sein.

Zeitliche Anschlüsse: Der zeitliche Anschluss ist die gängigste Art, Einstellungen miteinander zu verbinden. Der Zuschauer nimmt ihn kaum mehr bewusst wahr. Ein gutes Beispiel für zeitliche Anschlüsse sind Dialogszenen, die aus der Schuss-Gegenschuss-Einstellung heraus gefilmt wurden. Auch der Schnitt vom

»Grund« zum »Resultat« lässt sich in diese Kategorie einordnen, so zum Beispiel wenn in der ersten Einstellung ein Glas vom Tisch rutscht und wir in der zweiten die Scherben auf dem Boden sehen.

Räumliche Anschlüsse: Räumliche Anschlüsse sind ein beliebtes Mittel, um einen neuen Handlungsort zu etablieren (»establishing shot«). Oft wird bei einem solchen Anschluss von der Totalen auf ein Detail geschnitten. So zeigt uns beispielsweise eine erste Einstellung einen Flughafen, von dem ein Flugzeug abhebt. In der zweiten sehen wir ein Eingangsportal. Die dritte schließlich folgt einem Taxi, das vor dem Eingang hält und aus dem eine Person aussteigt. Der Zuschauer wird auf diese Weise von Einstellung zu Einstellung immer näher an den Ort des neuen Geschehens herangeführt.

Logische Anschlüsse: Beim logischen Anschluss wird die Informationsmenge auf ein Minimum reduziert. Den Anschluss dann zu verstehen, setzt beim Zuschauer ein aktives, bestimmtes Wissen voraus. Ein klassisches Beispiel für einen logischen Anschluss ist besonders in amerikanischen Filmen der »Schnitt ins Weiße Haus«. Oft sehen wir dabei zuerst eine Totalaufnahme des Weißen Hauses von außen. Die nächste Einstellung spielt dann bereits im Büro des amerikanischen Präsidenten. Hierbei handelt es sich nicht mehr um einen

räumlichen, sondern um einen logischen Anschluss.

Der richtige Umgang mit Anschlüssen belebt die dramaturgische Qualität des Filmes. Wird beispielsweise von einer Szene, in der ein Auto auf eine Mauer zurast, unvermittelt in eine Familienfeier geschnitten, so folgt der Zuschauer der Familienfeier mit einem Gefühl der Unruhe. Gespannt wartet er darauf, dass die vorherige Szene weitergeführt wird. Der zeitweise Verzicht auf kontinuierliche Anschlüsse kann also die Dynamik eines Filmes wesentlich steigern.

Es werde Licht!

Die Erfindung des synthetischen Lichts zu Anfang des 19. Jahrhunderts war ein bedeutender Fortschritt: Es konnte als ein Mittel eingesetzt werden, um dramaturgische Bühneneffekte zu erzeugen. Schon bald findet man Licht als wichtiges Gestaltungsmittel für Atmosphäre in den ersten Filmen wieder – der Begriff »Lichtspielhäuser« für die Kinos betont diesen Aspekt. Ein Film ist im Grunde nichts anderes als ein reines Lichtspiel, eine endgültige Szene eine Reihung von Lichteffekten. Der Schlüssel hierzu liegt im bewussten Erfassen der Elemente Licht, Schatten und der Reflexe in ihrer bildgestalterischen Wirkung.

Im Film gibt es normalerweise einen »zwingenden Sinnzusammenhang«

zwischen den Szenen, eine innere Verkettung der einzelnen Bildsequenzen. Die Hauptsache dabei ist, dass das dargestellte Geschehen für den Zuschauer so real wie nur möglich erscheint. Er soll die Szenen aktiv miterleben können. Für die Lichtgestaltung bedeutet dies, dass eine Szene in all ihren Einzelheiten möglichst scharf abgelichtet werden muss.

Das filmische Bild ist zweidimensional. Licht und Schatten geben dem Zuschauer einen entscheidenden Eindruck von den Raumdimensionen, heben einzelne Oberflächenstrukturen hervor oder lassen sie verschwinden. Je nachdem, auf welche Art und Weise die Lichtfarbe in die Szene eingebracht wird, kann sie zudem eine bestimmte Stimmungslage beschreiben oder Personen charakterisieren. In der Lichtgestaltung gehören Licht und Schatten untrennbar zusammen. Diese Feststellung ist von großer Bedeutung, so kann ein starker Schatten die Lichtverhältnisse unter Umständen stark beeinflussen. Das Gestalten mit Licht und Schatten ist keine Wissenschaft mit starren Regeln, sondern eine Kunst. Dennoch gibt es einige auf erfahrungswerten beruhende Anhaltspunkte.

Beleuchtungstechnische Highlights

Die verschiedenen Lichtarten können die Stimmung einer Szene wesentlich bestimmen. Eine Person erscheint je nach Filmbeleuchtung in einem anderen Licht:

- Führungslicht (Key): Ein Spot als Grundlicht beleuchtet die Person direkt von vorne.
- Hinterlicht (Back): Ein direkter Spot von hinten erzeugt einen Rand und setzt die Person vom Hintergrund ab.
- Fülllicht (Fill): Die Flächenstrahler oder weich eingestellten Stufenlinsenscheinwerfer mindern den Schatten ab, der eventuell ungewollt auf eine Person fällt.
- Seitenlicht (Side): Das Licht eines direkten Spots fällt direkt in die Szene ein und betont bestimmte Partien.
- Kicker: Dieser direkte Spot, der von hinten auf eine Seite strahlt und normalerweise von unten kommt, betont nur eine bestimmte Partie.
- Hintergrundlicht (Background): Dieses zumeist direkte Licht beleuchtet den Hintergrund oder das ganze Set üblicherweise von unten und lässt ein Objekt strahlender wirken.

Dem Beleuchter sind beim Einsatz der Lichter keine Grenzen gesetzt. Er kann die Lichter beliebig miteinander kombinieren, um so die gewünschte Wirkung zu erzielen. Ein Führungs-

Blende und Zeit

Zu einer korrekten Belichtung gehört immer ein Zeit/Blenden-Paar. Eine kleinere Blendenöffnung erfordert eine längere Belichtungszeit.

Da beim Film die Zeit festgelegt ist, kann nur durch die Blendeneinstellung die Tiefenschärfe beeinflusst werden.

Bei Fotoapparaten wird die Belichtungszeit so eingestellt, dass jede Blendenstufe einer Halbierung der vorhergehenden entspricht. Je kleiner die Blendenzahl auf dem Objektiv, desto größer ist die Öffnung im Objektiv. Die Blendenzahl 2 zum Beispiel bedeutet eine realtiv große Blendenöffnung, die Blendenzahl 22 eine relativ kleine Blendenöffnung. Blende 11 lässt doppelt so viel Licht durch wie Blende 16.

Farbtemperatur

Die Farben des Tages- und des Kunstlichts werden über die Farbtemperatur bestimmt. Je weiter das Spektrum einer Lichtquelle nach Blau verschoben ist, desto höher ist ihre Farbtemperatur. Zur Vermeidung von Farbstichen im fertigen Film oder Video überprüft man am besten regelmäßig die Farbtemperatur. Kunstlicht hat gegenüber Tageslicht eine geringere Farbtemperatur.

licht zum Beispiel, das ein wenig aufgehellt wurde, kann eine Gesichtstruktur betonen. Das Gesicht wirkt eher »hart«. Eine Beleuchtung direkt von vorne wirkt nahezu flach. Durch die Modulation der Lichtführung kann also ein Gesichtsausdruck wesentlich verändert werden.

Kamera und Belichtung

Neben der Belichtungszeit gibt es noch die Blende, eine in ihrer Größe einstellbare Öffnung, durch die das Licht auf den Film beziehungsweise Sensor bei Video oder Digitalkameras fällt. Mit jeder Blendenstufe verdoppelt (beziehungsweise halbiert) sich die einfallende Lichtmenge.

Mit diesem Verfahren kann man die Tiefenschärfe, das heißt die Abbildungsschärfe beeinflussen. Je kleiner die Blendenöffnung (bedeutet große Zahl auf dem Objektiv), desto länger ist die Schärfenstrecke, also der Bereich, in dem Objekte scharf abgebildet werden.

Die richtige Blendenöffnung wird durch eine Messung bestimmt. Moderne Messinstrumente an einer Kamera geben den Blendenwert gleich mit an. Die zwei häufigsten Arten, die bei der Lichtmessung angewendet werden, sind die Lichtmessung und die Objektmessung: Bei der Lichtmessung findet eine direkte Messung des Lichts statt, das auf das Objekt fällt. Durchgeführt wird die

Lichtmessung mit speziellen Filmbelichtungsmessern. Als Resultat erhält man dann die Lichtintensität einer Lichtquelle und die Stärke des Lichts. Bei der Objektmessung misst man das von der ganzen Szene reflektierte Licht. Zumeist liefert der Belichtungsmesser hier nur einen Mittelwert, daher kann diese Art der Messung unter Umständen problematisch sein.

Neben den beiden Methoden Objekt- und Lichtmessung gibt es noch die Nahmessung, bei der die Blendenmessung möglichst nah am bildwichtigsten Objekt der Szene stattfindet. Eine Variante der Nahmessung ist die Messung des Kontrastumfangs. Hierbei findet eine Messung sowohl der hellsten als auch der dunkelsten Stelle im Motiv statt, wobei der Kontrastumfang das Verhältnis zwischen den beiden Stellen bezeichnet.

Letztendlich muss man bedenken, dass Filmkamera nicht gleich Filmkamera ist: Vor jedem Dreh steht deshalb der Check der Kamera sowie ihrer Einstellungen und technischen Möglichkeiten.

Lichtquellen und ihre Beschaffenheit

Das für den Menschen sichtbare Licht bewegt sich in einem Wellenbereich von 380 (violett) bis 760 Nanometern (rot). Alles, was darüber hinausgeht, gehört entweder in den Bereich des UV-Lichts oder der Infrarotstrahlung, die für unsere Augen unsichtbar sind. Nicht aber für das Filmmaterial. Setzt man zum Beispiel einen UV-Filter vor ein Objektiv, kann dies einem ungewollten Blaustich im Bild vorbeugen. Das Sonnenlicht verändert seine spektrale Zusammensetzung während des Tages. Am natürlichen Licht kann man den Zeitpunkt der Aufnahme gut erkennen.

Lichtarten

Entscheidend für die Beleuchtung ist eine Mindestbeleuchtungsstärke am Aufnahmeobjekt, gemessen in Lux. Sie gibt an, wie stark eine Fläche beleuchtet wird, das heißt, welcher Lichtstrom auf eine Fläche tritt. Je nachdem, wie das Licht gebündelt oder gestreut wird, geben die unterschiedlichen Lichtquellen unterschiedliches Licht ab. Von gebündeltem, hartem Licht bis hin zu diffusem, weichem Licht gibt es zahlreiche Variationen. Einige Beispiele:

- Spiegellampe: hartes bis weiches Licht, je nach Spiegelwölbung
- Stufenlinsenscheinwerfer: hartes bis sehr hartes Licht, mitunter sehr hohe Brillanz
- Flächenleuchten (Lichtwannen, Breitstrahler): sehr weiches Licht
- Spotlights (kleines und rundes Lichtfeld): hartes Licht

Als weiteres Gestaltungsmittel können auch so genannte »Cookies« verwendet werden. Das sind Schablonen mit hineingeschnittenen Mustern und Formen, durch die Licht fällt und die so bestimmte Strukturen in die Szene zaubern.

Lichtaufbau

Jeder Beleuchter hat seine eigenen Tricks und Geheimnisse für den Lichtaufbau. Gerade bei Innenaufnahmen ist es wichtig, den Stromkreis zu sichern, der benutzt werden soll. Am besten, man plant gleich eine großzügige Reserve ein, da meistens noch andere Geräte an den Stromkreis angeschlossen sind, und errechnet die maximale Last des Stromkreises.

Von Halogenscheinwerfern, eine gern von Amateuren verwendete preisgünstige Lichtquelle, ist dringend abzuraten. Da sie schnell sehr heiß werden, wird nicht nur der Raum aufgeheizt, es kann im Extremfall zu Bränden kommen. Außerdem verbrauchen die Scheinwerfer oft ziemlich viel Energie und der Stromkreis ist schnell überlastet. Eine nicht ganz so heiße, aber doch bewährte Variante

Technisches Know-how

Eine Filmkamera nimmt wie unser Auge das reflektierte Licht einer Szene auf, je nachdem, wie sie von den unterschiedlichen Lichtquellen beleuchtet wird. Das jeweilige Ergebnis hängt dabei im Wesentlichen von drei Faktoren ab:
a) von der Beschaffenheit der Lichtquelle,
b) von der jeweiligen Gestaltung des Lichts innerhalb der einzelnen Szenen und
c) von der benutzten Filmkamera und ihren technischen Möglichkeiten.

Die einzelnen Bereiche der Lichtwirkungsfaktoren sollten idealerweise möglichst sorgfältig aufeinander abgestimmt werden.

Lesetipp:
Stephen D. Katz,
Die richtige Einstellung
(Frankfurt a. M., 2002)

sind daher Leuchtstoffröhren. Sie haben eine recht gute Lichtausbeute und erzeugen diffuses Licht, das nicht blendet. Und die Röhren werden lange nicht so heiß. Grundsätzlich gilt: Je länger die Röhre, desto heller das produzierte Licht. Wichtig ist: Jeder Röhrentyp hat eine etwas andere Farbtemperatur: deshalb immer Lichter des gleichen Typs kaufen.

Innenaufnahmen

Bei den Innenaufnahmen sollte man sich zu Beginn der Drehortausleuchtung erst einmal die Frage stellen, was überhaupt aufgenommen werden soll, wie groß das zu beleuchtende Objekt und wie der Raum beschaffen ist: Gibt es vielleicht hohe Decken oder Wände von außergewöhnlicher Beschaffenheit oder Farbe? Dementsprechend wählt man die geeigneten Scheinwerfer. Zuvor testet man natürlich die Anschlussmöglichkeiten genau.

Lichtführung

Der Vorgang der Lichtführung findet in zwei Schritten statt:
Das Grundlicht, bestehend aus den wichtigsten Scheinwerfern, bestimmt entscheidend das Bild beziehungsweise die Szene. Das Einschalten des Grundlichts als lichtstärkste Quelle ist der erste Schritt bei der lichttechnischen Ausgestaltung. Je nach Tages-zeit und Handlungsart werden mit Hilfe des Hauptlichts unterschiedliche Szenen dramaturgisch gestaltet. Am besten positioniert man es in einem logischen Sinnzusammenhang innerhalb der Szene. Auf störende Schlagschatten achten.

Der zweite Schritt bei der Gestaltung mit Licht ist das Einschalten des Aufhelllichts. Seine Funktion ist es, die vom Hauptlicht verursachten Schatten aufzuhellen und zu reduzieren. Man stellt es am besten auf die entgegengesetzte Seite neben die Kamera. Wieder ist die Stärke der jeweiligen Aufhellung stark von der Szene selbst abhängig. Der gezielte Einsatz des Aufhelllichts kann die Plastizität einer Szene erhöhen. Verwendet man zusätzlich Aufhellmaterialien, können zudem ein weicheres Licht und eine schattenfreiere Ausleuchtung gewährleistet sein.

Manchmal fällt Licht ungewollt erst auf eine Fläche und strahlt dann von dort aus auf das Objekt der Szene. Um dies zu vermeiden, ist nicht unbedingt ein eigener Scheinwerfer notwendig. Vielmehr lenkt man einen Teil des Haupt- oder Sonnenlichts um.

Zur Steuerung der Farbe und zur Aufhellung der Schatten werden gerne auch Farbfolien benutzt. Das Gegenlicht soll so ein Objekt oder eine Person besser vom Hintergrund trennen und mehr Tiefe im Bild erzeugen. Bei Porträtaufnahmen arbeitet man mit dem so genannten Spitzlicht. Der

Lichtsaum auf den Haaren einer Person, die Spitze, hebt sie vom Hintergrund ab. Bei Objekten spricht man von der Lichtkante.

Die Positionierung der Lichter im Raum dient als entscheidendes Mittel, um die Dimensionen zu kennzeichnen. Man spricht dann von Vorderlicht, Hinterlicht, Seitenlicht, Oberlicht, Hinterlicht von oben, Vorderlicht von der Mitte, oben etc. Neben den erwähnten Lichtarten gibt es weitere Effektlichter, die als zusätzliche Nuancen das Geschehen bereichern. Im Einzelnen können dies sein: Augenlichter, im Bild befindliche Lichtquellen oder Projektionen (zum Beispiel eine Jalousie).

Außenaufnahmen

Bei Außenaufnahmen ist es wichtig, sich an die natürlich vorgegebenen Lichtverhältnisse, insbesondere den Lauf der Sonne, anzupassen. Der zeitliche Abstand zwischen der ersten und der letzten Aufnahme einer Szene sollte möglichst gering gehalten werden, da veränderte Lichtverhältnisse dem Zuschauer sofort auffallen.

Gerade starkes Sonnenlicht hat oft seine Schattenseiten. Um die Schatten aufzuhellen, benutzt man Reflektoren, beispielsweise in Form von großen Platten mit weißer Oberfläche. Ist man nicht so professionell ausgestattet, kann man sich auch damit behelfen, dass man Platten aus Karton zurechtschneidet, sie mit zerknitterter Alufolie beklebt. Der Vorteil: Wir arbeiten dann ohne Strom und Steckdose.

Fazit

Licht ist das Mittel, um Atmosphäre und Stil in die bewegte Gestaltung zu bringen. Für »Lichtspiele« der besonderen Art: emotional, packend, dramatisch.

Bewegte Bilder bieten viele Reize, haben in der Regel jedoch passive Konsumenten (»couch potatoes«).

Anders verhält es sich bei den interaktiven Medien.

Ping-Pong

Konzeptionelles Gestalten
in den neuen Medien

Interaktivität als Erfolgsprinzip der neuen Medien

Von der »Action«, den bewegten Bildern, zur »Interaction« war es ein großer Schritt: Die Interaktion ist ein Meilenstein in der Mediengeschichte. Natürlich waren und sind Medien immer auf Kommunikation und Dialog ausgelegt, aber erst mit den so genannten neuen Medien ist die direkte Reaktion, das Pingpong-Spiel von Call and Response, sofort und direkt möglich.

E-Mail, Internet, SMS – das ist unser täglich Brot. Wir versenden hochauflösende Dateien und Filme via Mail, laden Daten und Musik aus dem Internet herunter und recherchieren in Bild-datenbanken oder mit Suchmaschinen. Immer populärer werden die Webtagebücher, die Weblogs. Gemeinsam mit Foren und Chat-Rooms erweitern sie die interaktiven Möglichkeiten des Internets. Mit der Interaktivität geht aber nicht nur eine technische Um-wälzung einher: Fast noch revolutionärer ist die veränderte Position des Nutzers – der User wird emanzipiert, ist kein reiner Konsument mehr, sondern eigentlicher Bestimmer des Mediums. Der Kunde ist nicht mehr nur Verbraucher im passiven Sinne des Wortes, sondern aktiver Mitgestalter von Inhalten und Pro-grammen.

Das ist ein Paradigmenwechsel, der die Mediengestaltung und das Erstellen von Medienangeboten grundlegend verändert hat. Es wird nicht mehr »gegessen, was auf den Tisch kommt«. Der User selbst ist der Koch. Und er stellt sich sein Menü alleine oder zumin-dest im Dialog zusammen.

Interaktive Zeitung, interaktives Fernsehen – der Web-User ist der aktive Regisseur, er kann sich aus verschiedenen Angeboten sei-nen individuellen Datenmix zusammenstellen. Ganz nach seinen Interessen und Bedürfnissen. Er ist der DJ von Daten, seinen Daten – und es werden immer mehr DJs.

Viel los auf der Datenautobahn

Internet und E-Mail, die interaktiven Medien, sind längst Massenmedien geworden: Schneller Netzzugang und die kabellose Technik machen das Internet zum Kinderspiel. Bereits 2004 waren in Deutschland ungefähr 55 Prozent der Bevölkerung online. Diese Zahl zeigt, wie schnell die neuen Medien sind: Bis die Hälfte der Bevölkerung seinerzeit einen Fernseher hatte, dauerte es wesentlich länger. Klar, das Nutzerverhalten unterschiedlicher Gruppen ist verschieden, aber dennoch sind alle Bevölkerungsschichten und Altersklassen im Netz präsent und suchen gezielt »ihre« Angebote, finden diese und treten in den interaktiven Dialog. Das Internet ist dabei ein Spiegelbild der Interessenslagen in der Gesellschaft: Überproportional sind zum Beispiel die Themen Elektronik, Computer und Software vertreten. Beim Autokauf ist das Internet mittlerweile die wichtigste Informationsquelle. »Abgelegenere« Themen wie Vogelkunde oder Flugzeugmotoren sind dagegen seltener im Netz abgelegt. Doch das ändert sich stündlich – das Internet ist das am schnellsten wachsende Medium unserer Zeit.

Online und offline – zwei Seiten einer Medaille

Die flächendeckende Verbreitung des Netzes und seine Entwicklung zum Massenmedium hat eine eindeutige Konsequenz für den Mediengestalter: Er sollte unbedingt von Anfang an seine Konzepte auch Online-tauglich gestalten und das Medium Internet sofort in seine Überlegungen miteinbeziehen. Beim Konzipieren also sofort an die »Übersetzung« ins Internet denken. Ob Shops, Preisvergleiche, Testberichte, Imagekommunikation – das Internet ist Info- und Datenquelle Nummer eins.

Informieren, flanieren, kommunizieren

Mit dem Dreiklang »Informieren, flanieren, kommunizieren« umschreiben wir hier die Nutzungsstruktur des Internets. An erster Stelle steht die Informationsbeschaffung: eBay, Google, Amazon sowie die Info-Portale löschen unseren Wissensdurst. Fachspezifische Themenportale vertiefen ein Sachgebiet bis in die feinsten Verästelungen. Im Internet kann man sich schnell verlieren und verirren. Positiv gedacht heißt das aber auch: Man kann an endlosen Angeboten vorbeiziehen, hängenbleiben, weiterziehen, Informationen austauschen, mitreden, mitgestalten. Was für Möglichkeiten! Was für Aufgaben und Herausforderungen! Genau da beginnt die Arbeit des konzeptionellen Gestaltens.

Zeigen, wo es langgeht!

Orientierung schaffen und die Inhalte der Seite klar strukturieren – das ist sicher die Hauptaufgabe des (Web-)Gestalters. Schnelle Übersicht, rasche Information (»kurze Ladezeiten«) und User-freundlicher Zugang (HTML- und Flash-Version) sind die Ausgangsbasis für gute Seiten.
Im Netz muss alles schneller gehen. Dies verändert die Gestaltung erheblich. Geduld kann nur erwarten, wer vorher bereits Interesse geweckt hat!
Idealerweise befriedigt die Site zwei Dimensionen der Kommunikation: Image bilden und Bedürfnisse wecken – für das Unternehmen und die Marke. Hier, zwischen emotionalen Angeboten und Shopping, pendelt die kommerzielle Seite des Webs. Konzept und Gestaltung müssen überzeugende Lösungen anbieten.

Frische Information und gute Unterhaltung!

Eine Faustformel für überzeugende Lösungen ist unserer Meinung nach »Frische Information und gute Unterhaltung«. Die Site, die wir übersichtlich und benutzerfreundlich gestalten, soll vor allem aktuelle Inhalte bieten und dabei Spaß machen und unterhalten. Schließlich ist es unser erklärtes Ziel, den Surfer solange wie möglich auf unserer Site zu halten, ihm dabei möglichst viel Information und damit Nutzen anzubieten. Nichts ist so peinlich und unattraktiv wie eine alte, »abgestandene« Seite mit veraltetem Inhalt. Wer eine aktuelle Site hat, der wird als dynamisch und frisch wahrgenommen. Und das wiederum nützt dem Anbieter der Site. Denn nirgendwo sonst erhält man so viele Informationen über seine Kunden. Nirgendwo sonst hat man die Möglichkeit, seinen Kunden einen so maßgeschneiderten Warenkorb anzubieten. Vorbildlich machen das Unternehmen wie Amazon, die ein Benutzerprofil anlegen und stilistisch verwandte oder themenspezifisch nahe Angebote in das Profil integrieren – das ist Mehrwert pur für den Nutzer.

Um das maßgeschneiderte Angebot herum bildet sich allmählich eine passende Gemeinschaft, diejenigen User, die sich über das Angebot beziehungsweise das gemeinsame Thema der Site definieren und identifizieren. Und die es schätzen, auf dem Laufenden zu sein. Regelmäßige Newsletter per E-Mail und Weblogs erhöhen die Attraktivität der Website, animieren zum regelmäßigen Besuch – und bauen den interaktiven Dialog auf und aus. Für den Gestalter und Konzeptioner heißt das: Neben dem klaren Aufbau und der übersichtlichen Inhaltsstruktur der Site ist zu bedenken, wie die Site schnell und bequem aktualisiert werden kann und wie der Traffic auf die Site regelmäßig und idealerweise wachsend gehalten werden kann. Spätestens hier sind die Verschränkungen mit

Mehrwert ist digital

Mehrwert ist das Zauberwort guter Kommunikation, und das gilt auch im Netz. Hier lässt es sich wunderbar darstellen, hier kann man alle Register für erlebbaren Nutzen ziehen:

PDF-Download – Vom Formular bis zum kompletten Geschäftsbericht: Authentische Darstellung von Produkten. Farbmuster, Soundbeispiele, animierte Darstellungen (Videos, Quicktime-Filme), Maschinen in Aktion, virtuelle Welten: Einrichten und Gestalten von Räumen, Einsteigen in und Fahren eines neuen Automodells.

Interaktives Gestalten

Ein Produktraster (zum Beispiel eines Turnschuhs) kann individuell gestaltet werden, ebenso ein Kleidungsstück, ein Fahrzeug, oder eine Tasche.

Interaktives Lernen

Mit Benutzerprofilen (wie oben bei Amazon erwähnt) oder Soundempfehlungen wie etwa auf wom.de informiert der Anbieter den User und inspiriert ihn zu neuen Entdeckungen.

anderen Medien gefragt. Die Möglichkeit über Newsletter und E-Mail-Marketing haben wir gerade angedeutet. Aber auch klassische Medien wie Internet-Guides gewinnen an Bedeutung. Um Übersicht zu verschaffen, sind viele branchenspezifische und themenbezogene Guides im Umlauf. Speziell im Business-Bereich machen sich Kunden erst einmal in gedruckten Guides (Suchmaschinen in Printform, vorgefiltert von Fachredaktionen) schlau, welche Seiten sie (unbedingt) besuchen wollen. Themenportale übernehmen ähnliche Funktionen als Wegweiser und Leuchtturm im Netzdschungel.

Schöner lesen

Ein Unternehmen stellt seinen Geschäftsbericht als PDF ins Internet. Oder sein Kundenmagazin: Ob es einer liest?! Darüber gibt es heftige Dispute, aber klar ist allen Experten: Lesen ist die wichtigste Kulturkompetenz im Netz. Das bedeutet für den Text: Er muss an das Internet angepasst sein. Kurze Sätze, kurze Absätze und kurze Texte sind wichtig. Niemand möchte endlos scrollen und sich durch Textwüsten hindurchkämpfen. Aber: Alle User möchten »Futter« und Information erhalten. Visuell und sprachlich.
»Das habe ich im Internet gelesen« ist ein typischer Satz, der uns zeigt, wie stark die Bedeutung des Textes im Netz ist. Sicher, es gibt unzählige Galerien und Bildstrecken, doch das sind die Ausnahmen. Information ist angesagt und gefragt.
Dabei sind natürlich die Konstanten einer Corporate Identity auch im Netz zu wahren und möglichst adäquat umzusetzen. Schließlich soll im Sinne integrierter Kommunikation der Online-Auftritt mit dem Offline-Auftritt harmonieren und sich synergetisch ergänzen. Konzeptionell gestalten heißt, das Ganze im Blick zu haben.

Content-Management-Systeme und die Folgen

Obwohl das Netz ein junges Massenmedium ist, haben sich Standards etabliert. Immer mehr Unternehmen entscheiden sich für effiziente, dynamische Seiten mit Content-Management-Systemen (CMS). Das erleichtert die Pflege und Aktualisierung im Unternehmen, und die Benutzbarkeit wird durch gewohnte Oberflächen erhöht. Aber die Gefahr der Uniformierung wächst ebenfalls. Viele Sites sehen sich zum Verwechseln ähnlich – die Individualität und Eigenständigkeit des Markenauftritts wird technischen Anforderungen und Arbeitserleichterungen untergeordnet. Ein gefährlicher Weg: Auch online sollten der Markencharakter und die Einmaligkeit des Konzepts beziehungsweise der Marke deutlich und sichtbar sein. Langweilige, stromlinienförmige Sites sind kein Weg zum Erfolg im Kampf um die Aufmerksamkeit.

Nutze die Möglichkeit!

Vieles ist möglich, und gerade jetzt, in diesem Augenblick, sind sicher wieder neue Kommunikationslösungen im Entstehen (zum Beispiel Werbespots im Netz via Google). Es wird heftig über eine »Zweites Programm im Netz« diskutiert, Web 2.0. Für Konzeptionisten und Gestalter ist dieser Fortschritt atemberaubend, aber es ist dabei wichtig, sich nicht in den technischen Möglichkeiten zu verlieren.

Entscheidend bleibt für die Webgestaltung: Orientierung, Nutzen, Aktualität und Unterhaltung – abhängig von dem Gesamtauftritt und dem Markenbild.

In diesem Sinne: Entdecke die Möglichkeiten, und nutze gezielt und reduziert das Beste daraus.

Hier startet die Galerie der Interaktivität. Unser Lebensumfeld ist geprägt von Maschinen, die das Leben erleichtern oder unsere Lebensqualität steigern. Mensch-Maschine-Schnittstellen nennt man die Kommunikation und Interaktion mit diesen Geräten.

Wie kommunizieren Sie mit Apparaten?

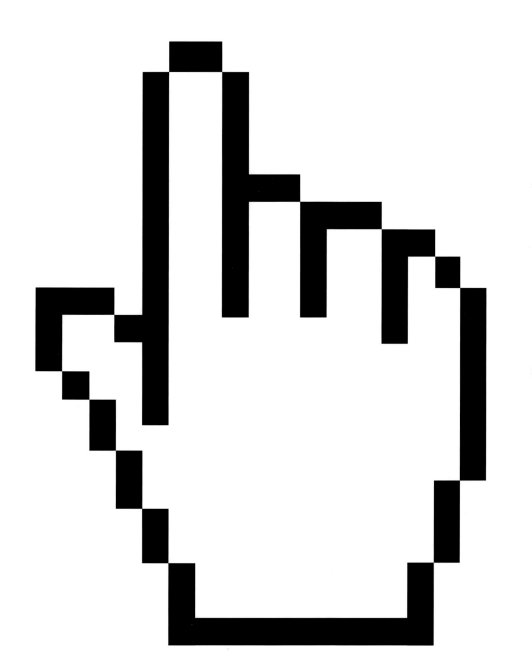

Mensch an Maschine, Maschine an Mensch

1966 schrieb der Computerpionier Professor Joseph Weizenbaum das Programm ELIZA. Es war in der Lage, ein Gespräch mit einem menschlichen Partner zu führen. Damit erlangte Weizenbaum nicht nur Weltruhm, sondern er legte auch den Grundstein für eine erste Form von Interaktivität zwischen Mensch und Maschine.

Das Wort »Interaktivität« kommt ursprünglich aus dem Lateinischen und bedeutet so viel wie »wechselseitig«, »dazwischen handeln«. So gesehen ist natürlich auch der Kauf einer Fahrkarte am Automaten eine Interaktion. Doch die neuen Medien haben hier ganz neue Möglichkeiten für den beständigen Dialog von Mensch und Maschine geschaffen: direkter Informationsaustausch, Aktionsaustausch, zum Beispiel in Form von Spielen, sowie Daten- und Meinungsaustausch, zum Beispiel in Chat-Rooms.

Alle Macht dem User

In den neuen Medien wandelt sich der passive Konsument zum aktiven Benutzer, er wählt aus und bestimmt das Programm. So bietet das Internet einen Pool an Möglichkeiten, der niemals linear und nach vorhersehbaren Abläufen erschlossen und ge-

nutzt wird – eine Herausforderung für die Gestaltung von Websites. Klare Strukturen, packende Themen und Spiele sowie nutzenorientierte Angebote stehen im Fokus.

Ein Beispiel: Durex bot dem Gewinner eines Online-Spiels auf der Durex-Internetseite einen attraktiven Sachpreis an, wobei es beim Spiel um das Auffangen von Viren durch Kondome ging. Gutes, pfiffiges Marketing. Denn so lernt der Benutzer auf wortwörtlich spielerische Art und Weise die Vorzüge des Produkts und die Unternehmensidentität kennen.

Sinnvolle, auf die Leistungen des Produkts verweisende Spiele können helfen, effektives Marketing zu betreiben. Diese Art der Interaktivität finden wir in anderer Form auch bei den anderen digitalen Medien wieder: etwa bei der DVD, die uns erlaubt, einen Film aus verschiedenen Kamerawinkeln zu betrachten, in verschiedenen Sprachen zu hören oder mit verschiedenen Untertiteln zu lesen. In die gleiche Sparte gehören Fernsehsendungen, die den Zuschauer auffordern, ein Rätsel zu lösen, um einen Geldbetrag zu gewinnen. Selbst das Ende eines Films lässt sich bei manchen Kanälen mittlerweile per Telefonanruf mitbestimmen. Der Sender »Premiere« hat es vorgemacht. Die Formel 1 »live« und rasend schnell aus der Sicht des Fahrers miterleben, dann den bestellten Spielfilm sehen – so zeigt sich professionelle Interaktion in den Medien. Auch die Musik-CD, bei der wir die Reihenfolge der Tracks beim Abspielen selbst wählen und bestimmen, ist interaktiv. Die analogen Medien wie Kassette oder LP waren für die klar definierte Abfolge der Musikstücke konzipiert. Auch hier also wird der Benutzer zum DJ der Daten: Er bestimmt Reihenfolge und Dramaturgie der Inhalte.

Der Aufbau einer Site

Die meisten Internetseiten folgen heute in Struktur und Aufbau einem ähnlichen Muster.

Dieses hat sich als besonders benutzerfreundlich und praktisch erwiesen. Auf der linken Seite finden wir ein Menü, oben einen Banner mit dem Logo und Slogan der Firma sowie einen Contentbereich, in dem die Inhalte dargestellt werden. Klickt man nun auf einen Menüpunkt, ändert sich meist der Content-, manchmal auch der Bannerbereich, in welchen dann die Inhalte beziehungsweise der Banner der jeweiligen neuen Kategorie angezeigt werden. Je nach Geschicklichkeit des Designers sind diese Bereiche mehr oder weniger fließend ineinander integriert oder wirken als eigenständige Blöcke. Dieses Erfolgsmuster der Sites basiert auf einigen konzeptionellen Grundfragen:

Wer?

Klare Zuständigkeiten sind das A und O. Wer ist für welchen Teil der Internetseite verantwortlich, was ist das Aufgabengebiet? Muss der Inhalt gepflegt oder das Design überarbeitet werden? Bereits hier sollte eine ganz klare Trennung zwischen Design und Inhalt erfolgen, denn meistens ist es ergiebiger, wenn es einen Verantwortlichen für jeweils einen Bereich gibt, da diese sich so besser in ihre Aufgabenstellung einarbeiten und ganz darauf konzentrieren können. Dabei sollte es jedoch einen Hauptverantwortlichen geben, der sich in den unterschiedlichen Bereichen auskennt und so schnell übergreifende Entscheidungen kompetent treffen kann.

Was?

Was soll mit der Internetpräsenz erreicht werden? Soll ein Unternehmen nur vorgestellt oder auch ein Online-Shop eingerichtet werden? Wie viel Zeit und »man power« kann in die Entwicklung eingebracht werden, geht es primär um das Verkaufen oder um die Erhöhung der Markenbekanntheit? Hilfreich ist es, wenn man die Inhalte der Site in Kategorien einteilt und damit schon eine grobe Struktur schafft, die später verfeinert werden kann. So wird auch das eigene Leistungsprofil klar.

Für wen?

Die Frage nach der Zielgruppe ist sowohl für den grafischen auch für den inhaltlichen Teil entscheidend. Für wen ist die Internetseite? Was für ein Interessensprofil liegt vor? Welche Informationsbedürfnisse sollen befriedigt werden?

Wie?

Die Benutzer sind keine ahnungslosen Surfer, die blindlings und sofort auf Angebote eingehen. Technische Unzulänglichkeiten, lange Wartezeiten und umständliche Log-ins schrecken potenzielle Käufer ab.

Soll zum Beispiel ein Formular als reine E-Mail verschickt werden, könnte der Kunde leicht davon ausgehen, dass sich dieses unprofessionelle Auftragshandling auch in der Produktqualität fortsetzt. Folge: kein Kauf! Deshalb sind klare Entscheidungen über Aufbau, Abläufe, Technologien und Programmiersprachen absolut notwendig für den wirtschaftlichen Erfolg im Internet.

Wer profitiert?

Warum sollte ein Benutzer sich gerade für diese Internetseite, dieses Produkt, diese Dienstleistung interessieren? Ein Perspektivwechsel tut da wie immer gut: Was wünscht man sich selber als Kunde?

Der Nutzen einer Site – das ist das entscheidende Erfolgskriterium im Netz. Betrachten wir dazu einmal die Internetgewinner wie Google, Amazon und Co. und deren Erfolgsmuster, so wird klar: Individueller Service und genaue Kenntnis der Kundenbedürfnisse sind das Erfolgsrezept.

Warum hat Google innerhalb kürzester Zeit die Marktführung im Bereich der Suchmaschinen übernommen? Neben einer hohen Treffsicherheit im Ergebnis und der einfachen und schnellen Suche erhält der Nutzer zusätzliche Leistungen zu dem gesuchten Thema – mit interessanten und passenden Angeboten (im Bannerbereich) von Experten. So profitiert der Benutzer von dem Service einer auf sein Suchergebnis zugeschnittenen Auswahl an Möglichkeiten.

Mehrwert pur

Ähnlich sieht das Prinzip bei Amazon aus. Amazon begrüßt seinen Kunden bereits auf der Startseite mit Vor- und Nachnamen und bietet bei mehrfachem Besuch eine Auswahl an Medien an, die zu dem bisherigen Stil und Geschmack des Besuchers passen könnten. Das heißt, der User bekommt Impulse und wird inspiriert. Dann kann der Besucher Rezensionen über die von ihm bei Amazon gekauften Bücher schreiben, seine Bücher weiterverkaufen, Leseempfehlungen abgeben oder die Rezensionen anderer Kunden bewerten – das ist interaktiver Mehrwert in Höchstform. Durch die Möglichkeit, mit anderen Usern zu diskutieren und dabei aktiv zu werden, nutzt Amazon die Vielfältigkeit und Individualität des Internets perfekt aus.

Auch eBay bietet dem Kunden umfassende Möglichkeiten, selber zu agieren. Vor dem Kauf kann der Käufer sich über die Integrität des Verkäufers informieren und später selbst eine Bewertung abgeben. Das schafft Vertrauen – und das ist die Basis für gute Geschäfte.

Seriös mit Qualität

Wer seriös kommuniziert, gewinnt. Die Qualität und der Wert eines Produktes werden von den Kunden eingefordert, sei es durch eine hohe Anzahl positiver Bewertungen, einen seriösen Internetauftritt oder einen effizienten Service. Denn wenn ein Kunde auf seine Anfrage eine schnelle Antwort erhält und die Möglichkeit hat, sich das Angebot auszudrucken oder um einen Rückruf zu bitten, fühlt er sich gut aufgehoben, ganz individuell.

Deshalb sollte mit blinkenden Bildern und grell leuchtenden Farben möglichst sparsam umgegangen werden. Der klassische Banner wird von immer mehr Benutzern als ausgesprochen lästig empfunden – und von einigen Programmen einfach nicht mehr im Browser angezeigt.

Hier gilt es, neue Wege der Werbung zu finden, die dem beworbenen Produkt und dem Käufer entsprechen und sich der Zielgruppe anpassen. Wie zum Beispiel Kreativwettbewerbe innerhalb einer User-

group. Auch veranstalten Unternehmen Wettbewerbe für die beste Online-Werbung. Die Einsendungen der Gewinner können dann auf der Website gezeigt und geprüft werden – in starker Impuls für angehende Designer und Texter und ein positiver Imagetransfer von der Marke zu ihren Kunden.

Kurz: Die Internetseiten dienen nicht mehr der Selbstdarstellung der Unternehmen, sondern werden Plattform für die Präsentation der User dieser Seite. Plattformen schaffen, das ist ganz sicher der Weg im »aufgeklärten« Internet. So sind eigene Online-Redaktionen entstanden, die dem Leser die Möglichkeit zur Diskussion geben und jeden Morgen den elektronischen Briefkasten mit individuellen Nachrichten füttern. Hier wird, wie bei anderen Medien auch, die Dosis entscheidend sein. Der x-te Newsletter mit eher werblichen Inhalten ist da keine befriedigende Lösung.

Die wachsende Zahl von »Weblogs«, die als Tagebücher im Internet begonnen haben und in denen nun vom Karibik-Urlaub bis hin zum Video der Nachbarin alles zu finden ist, sind ein Beispiel für das wachsende Plattformenbedürfnis auch der privaten User. Hier entsteht sozusagen Reality-TV im Internet – in Form von täglich neuen Texten und Bildern, geschaffen von Profi-Redakteuren und Amateuren.

Hier ist der User gefragt, wirkliche Inhalte von rein exhibitionistischen Tagebüchern zu unterscheiden.

Was wiederum auf ein generelles Problem des Mediums verweist: Es gibt keine Prüfstelle für den Inhalt im Netz. Jeder kann Inhalte einstellen und publizieren. Neben dem Thema »Informationsqualität« kommt ein anderer zentraler Punkt in die Diskussion: die Sicherheit.

Je mehr über das Internet kommuniziert und gekauft wird, je mehr auch hoch offizielle Aktionen wie Steuererklärung oder amtliche Bescheinigungen über das Internet abgewickelt werden, umso mehr rückt die Sicherheit in den Fokus.

Die weitere Entwicklung des interaktiven Mediums Internet wird genau an diesen beiden Polen entschieden werden: Qualität der Information und Sicherheit für die Daten des Users. Jedenfalls schrecken Datenmissbrauch und User-Tracking professioneller Unternehmen viele Benutzer vom Internet ab.

Informationsarchitektur

Die Präsentation und Aufbereitung von Information geschieht nie 1:1 – es gibt keine nackten Fakten und Daten. Information muss aufbereitet werden, am besten »dosiert«, Schritt für Schritt. Egal, ob man ein Buch konzipiert, ein Haus baut oder ein Verkehrsschild entwirft – man muss Prioritäten und Rangfolgen setzen mit Hilfe von Konzept, Design und Organisation. Dabei verlangt jedes Medium seine eigene Struktur: Ein Buch ist anders aufgebaut als eine Webseite, und eine Radiosendung anders gestaltet als eine TV-Show. Hier gilt es, die spezifischen Stärken jedes Mediums zu beleuchten und – medienübergreifend – das menschliche Verhalten im Umgang mit den Medien zu kennen.

Under construction

Erstmals lenkte der amerikanische Architekt, Grafikdesigner und Autor Richard Saul Wurman das Interesse auf das Prinzip der »Informationsarchitektur«. Dieses Prinzip wird am sinnfälligsten, wenn wir uns etwa den Bauplan einer Website anschauen: die sitemap. Die Landkarte also, die die verschiedenen Ebenen der Information dokumentiert. Aber auch ein Plan der U-Bahn oder der Straßenbahn zeigen dasselbe: komplexe Informationen, die architektonisch und hierarchisch präsentiert werden.

Das sind nun auch genau die Dinge, die in der Mediengestaltung gefordert sind: Jeder Gestalter hat sich schon einmal mit Leitsystemen auseinander gesetzt, aber auch alle anderen Medien erfordern architektonische Arbeit – von der Website über den Prospekt bis hin zur Architektur einer Anzeige.

Wichtige Begriffe

ActiveX

Eine von dem Hersteller Microsoft speziell für Internet Explorer entwickelte Programmiersprache für das World Wide Web, die auf der OLE (Object Linking and Embedding)-Technologie aufbaut. Da so codierte Anwendungen eine geringere Datenmenge aufweisen, sollen sie sich auch bei einem langsamen Internet-Zugriff noch in adäquater Zeit laden lassen.

Applets

Applets sind C- und C++-ähnliche kleine Programme, die über das Internet übertragen werden. Sie werden geschrieben, um zum Beispiel ein Objekt zu animieren, eine Berechnung durchzuführen oder Ähnliches. Um ein Applet zu sehen, benötigt man einen Browser, der den Java-Code interpretieren kann.

Attachment

Beliebige Datei (Text/Grafik), die an eine E-Mail angehängt wird und mit dieser verschickt werden kann.

Audio- und Video-Streaming

Streaming-Technologien erlauben es, im Internet Audio- und Videodaten in Echtzeit zu übertragen, anstatt die Files erst aus dem Internet herunterzuladen. Auf der Server-Seite sorgt eine Kompressionssoftware dafür, dass die übertragene Datenmenge nicht zu groß wird, auf der Client-Seite ist meist ein Plug-in wie »RealPlayer« zur Decodierung der Daten notwendig.

Backbone

Der Teil eines Netzwerkes, der mehrere kleinere Netzwerke mit einer hohen Geschwindigkeit und einer hohen Bandbreite verbindet.

Cascading Stylesheets

Verfahren in neueren HTML-Versionen, bei dem sich Formatierungsvorgaben in Stylesheets festlegen lassen, die jeweils aufeinander aufbauen. So kann der Publisher pauschale Layoutänderungen für Dokumente oder Websites sehr ökonomisch vornehmen.

CD

Die Compact Disc wurde Anfang der 90er auf den Markt gebracht. Sie speichert ungefähr 700 MB an Daten, was in etwa 500 Disketten entspricht.

CMS

Ein Content-Management-System (CMS) im Web ist ein Programm, das die Bearbeitung von Dokumenten ermöglicht und die Aufgabe hat, das Zusammenspiel zwischen den Benutzern und der Website zu steuern.
Der Nutzer sollte das System auch ohne Programmierkenntnisse bedienen können.

Cookies

Cookies sind kleine Textdateien, welche Daten über den Benutzer einer Internetseite speichern können. Das können sein: der Name für eine persönliche Anrede, die Farbe des Hintergrundes oder ein Schlüssel zum Kryptographieren des Passwortes. Cookies bieten Datenjägern jedoch auch die Chance, versteckt Daten zu sammeln über das Surfverhalten der Internetbenutzer.

DVD

Digital Versatile Disc, seit Mitte der 90er auf dem Markt, speichert die Datenmenge von etwa sechseinhalb CDs oder circa 3.000 Disketten.

HTML

Hyper Text Markup Language. Statische Programmiersprache, deren Quelltext immer offen im Internet vorliegt und somit als reines HTML keine Sicherheit bietet.

Das http:// vor Internetadressen steht für Hyper Text Transfer Protocoll, also das Protokoll, welches die Hyper Text Markup Language überträgt. HTML dient oft dem Erstellen eines Grundgerüstes von Internetseiten.

Internet

Das Internet entstand aus dem Arpanet, einem militärischen Computernetz, das Ende der 60er für den Fall eines Atomkrieges zur Kommunikation entwickelt wurde. Später nutzten es hauptsächlich Universitäten und Forschungseinrichtungen, bis 1982 das so genannte TCP/IP-Protokoll integriert wurde. Seitdem spricht man vom »Internet«.

Java/Java Script

Java ist eine objektorientierte Programmiersprache der Firma Sun Microsystems. Java ist nicht mit der reinen Skriptsprache JavaScript zu verwechseln, die vornehmlich in HTML-Seiten zur eingebetteten Programmierung verwendet wird. Sie hat eine ähnliche Syntax, unterscheidet sich jedoch in vielerlei Hinsicht. Objekte werden in JavaScript prototypenbasiert definiert.

Meta Tags

Versteckte Informationen in HTML-Seiten. Damit können Suchmaschinen Inhalte des Internets aufnehmen und in Verzeichnisse einordnen.

mySQL

Kostenlose, meistgenutzte Open-Source-Datenbank der Welt. Dient dem Speichern und Hinterlegen von Daten in Datenbanken, welche wiederum aus Tabellen bestehen. Diese speichern Inhalte wie zum Beispiel belegte und freie Kinoplätze, die von einer dynamischen Internetprogrammiersprache abgefragt werden und auf einer Internetseite dargestellt werden können.

Phishing

Phishing ist eine besondere Form des Datendiebstahls (engl. password fishing – »Passwörter fischen«). Dabei wird dem Benutzer die Kopie einer Internetseite in einer E-Mail als »echte« Seite präsentiert. Der Kunde klickt auf den in der E-Mail enthaltenen Link und gibt dort seine Daten ein. Diese werden an die Betrüger weitergeleitet. Die loggen sich nun auf der echten Internetseite ein. Das kann die Seite einer Bank sein, über die nun das Konto des Kunden geleert wird.

PHP

Hypertext Preprocessor. Programmiersprache, deren Stärke es ist, eine Verbindung zu Datenbanken herstellen zu können und damit dem Benutzer die Möglichkeit der Verwaltung eines zentralen Datenpools zu geben, der jedoch vielfältig weiterverwendet wird.

PHP wird vom Server interpretiert und gibt als Ausgabe HTML aus, was vom Browser des Benutzers interpretiert und dargestellt wird. Somit ist PHP eine dynamische Programmiersprache, da die Befehle abhängig von dem Verhalten des Benutzers interpretiert und ausgeführt werden.

Shockwave

Multimediaerweiterung von Macromedia für Internet-Browser. Shockwave ermöglicht skalierbare Vektorgrafiken, Sound und Animationen innerhalb einer Website.

TCP/IP

Abkürzung für Transmission Control Protocol/Internet Protocol: In den USA entwickeltes Kommunikationsprotokoll für die Datenübertragung in Weitnetzen, welches festlegt, wie Daten zwischen Computern im Internet übermittelt werden können.

VRML

Abkürzung für Virtual Reality Modeling Language: Erweiterung des Sprachumfangs von HTML, die 3-D-Simulationen im Web ermöglicht. Sie verlangt einen VRML-fähigen Browser oder ein zusätzliches Plug-in für Navigator oder Internet Explorer.

XML

Abkürzung für Extensible Markup Language: Vom W3-Consortium zur Ergänzung von HTML vorgeschlagene Sprache fürs World Wide Web, die es erlaubt, Dokumente auch nach inhaltlichen Kriterien auszuzeichnen.

Nun zur Königsdisziplin: dem Schaffen von Markenpersönlichkeiten. Hier vereinigt sich alles zum Großen und Ganzen.

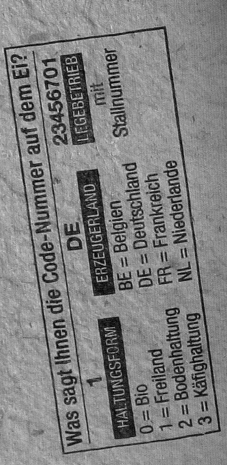

9

Brand-Meister

Vom Design zum Glaubenssystem Marke

Halleluja! Das Ganze – die Marke

Marke werden und Marke sein – das ist das Höchste und Größte. Unter dem Dach der Marke bündeln und versammeln sich alle Gestaltungsarbeiten – wer das Ganze im Blick hat und aufs Ganze gehen will, der wird Marke. Im Zeitalter der Unaufmerksamkeit bekommen Marken den Status von Ikonen: Sie geben Orientierung und fungieren als Sinnstifter in der Welt des Konsums. Namen wie BMW, Nivea, Coca-Cola, Nike, Sony oder Apple erzeugen Aura und Faszination. Sie sind einzigartig und eigenständig – und begehrt. Oder, wie es Gerd Gehrken einmal formulierte: sie entfalten und erzeugen »limbische Energie«. Diese Energie bewusst zu erzeugen und zu steuern, das ist die Kunst der Markenführung und der Markentechnik.

Aber warum wollen und sollen alle Marke sein? Reicht es nicht, einfach ein gutes Produkt mit einem vernünftigen Preis herzustellen und anzubieten? Nein. Produkte sind austausch- und kopierbar (eine Erfahrung, die viele Hersteller gerade am chinesischen Markt leidvoll machen!). Nur Marke erzeugt Mehrwert: Sie ist teurer und wertvoller als No-Names, sie schafft mehr Wert. Rational und emotional. Marke definiert einen Unterschied – gefühlt oder echt oder beides. Ihn gilt es zu kultivieren und zu kommunizieren. Leichter gesagt als getan bei über 50.000 angemeldeten und eingetragenen Marken!

Marken gibt es schon lange. Schon lange vor unserer heutigen Überfluss- und Konsumgesellschaft haben Produzenten und Eigentümer ihr Eigentum und ihre Waren »gebrandet« – wir finden diese Warenzeichen auf antiken Vasen, mittelalterlichen Handwerkserzeugnissen und Kunstwerken. Im »Wilden Westen« schließlich wurden die Rinder einer Herde »gebrandet«, damit man sie von den Tieren des Nachbarn unterscheiden konnte.

Der Berater Hans Domizlaff hat die moderne Markenlehre in Deutschland in den 30er Jahren begründet. Er hat das wegweisende Grundlagenwerk »Die Gewinnung des öffentlichen Vertrauens« geschrieben, worin er die Marke als Vertrauenssystem definiert. Das ist bis heute der Kern einer Marke: das Vertrauen, das ihr die Kunden entgegen bringen. Allein das Logo genügt, um dem Kunden zu signalisieren: Okay, das ist gut. Gekauft!

Das impliziert aber auch: Seelenlose Marken vom Reißbrett können kaum erfolgreich werden. Marken brauchen einen wahren und authentischen Kern, meist ist das eine originäre Erfindung oder eine Pionierleistung. Das haben die Klassiker wie Tempo, Aspirin und Maggi mit den Marken der neuen Zeit – Freitag, Haeftling, Virgin oder Ryanair – gemeinsam. Die Marken bilden eine Projektionsfläche, an der sich Menschen orientieren können. Sie identifizieren sich mit der Marke. Die Markentechnik bezeichnet die Marke nicht mehr nur als Vertrauenssystem, sondern als »lebendes ganzheitliches System«, und sie bringt damit die Komplexität und die Vitalität, aber auch die Fragilität der Marke zum Ausdruck. Markenentwicklung und Markenführung sind eine Herausforderung für alle beteiligten Macher: Unternehmen, Berater und Kommunikationsexperten – und die Kunden.

Denn: Marken werden nicht von Markentechnikern gemacht, sondern von den Kunden. Sie entscheiden sich für eine Marke, sie schenken ihr Vertrauen und geben ihr Geld für sie aus – oder eben nicht! Und so schnell sie sich dafür entscheiden, so schnell können sie Vertrauen auch entziehen, dann stirbt die Marke. Marken erobern sich im Laufe der Zeit einen festen Platz im Kopf des Kunden, ja, es entsteht eine Vertrauensbeziehung: So gruppiert eine Marke ihre Kunden um sich. Das Wort »Stammkunden« – Menschen, die der Marke nahezu »blind« vertrauen – beschreibt die enorme Bindungskraft, die Marken entwickeln können. Es bildet sich ein Kundenstamm, der das Angebot, den Stil und die Aura der Marke anziehend findet. Denn Marken bieten eigentlich immer mehr als nur ein Produkt: Lebensstil, Verhaltensweisen, Einstellungen, Werte – all das macht eine durchgängige und stringente Markenwelt aus.

Ordnung ist das halbe Leben ...

Ein einheitliches Logo, eine einheitliche Schrift und ein durchgängiger Markenslogan: jede Marke hat erst einmal ein (Produkt-) Gesicht. Es wird im Corporate Design Manual verbindlich definiert. Konstante Elemente bilden dabei die visuelle Identität des Unternehmens oder der Marke oder des Produkts. Das Ziel ist: Die durchgängige, klar und schnell wiedererkennbare Identität der Marke zu schaffen. Wiedererkennbar sein und auf den ersten Blick unterscheidbar sein – gute Marken können das auf den ersten Blick.

... die andere Hälfte ist Magie: Die Bindungskraft des Unsichtbaren

Man kann sich leicht vorstellen, dass Markenaufbau und Markenführung sehr aufwändig sind. Vor allem aber gehören dazu Disziplin und Durchhaltevermögen. Das Schwierigste jedoch ist, die Marke weder zu sprunghaft zeitgeistig noch zu altmodisch und altbacken erscheinen zu lassen: scheinbar zeitlos entwickelt sich eine Marke kontinuierlich fort. Erst bei genauerem Hinsehen merkt man, da war eine Korrektur am Schriftzug, da hat sich das Farbklima etwas verändert. Starke Marken leben schon Jahrzehnte erfolgreich am Markt. Denken Sie an die Klassiker wie Levis oder Persil oder Mercedes. Das sind Ikonen der Markengeschichte und der stilbildenden Markenkommunikation.

Der tiefe Fall des Kamels

Wie schnell sich eine erfolgreiche Entwicklung genau ins Gegenteil verkehren kann, zeigt der Fall (im wahrsten Sinne des Wortes) von Camel. Einst eine weltweit starke Marke, ist sie heute abgestürzt. Ein radikaler Wechsel in der Kommunikation kündigte die Umpositionierung von der »Adventure«-Zigarette (mit dem weltbekannten Slogan »Ich geh' meilenweit für eine Camel!«) hin zum Lifestyle-Brand an: witzige, szenige Storys um das Kamel. Lustig und kreativ, aber leider nicht so begehrenswert, dass die Kunden auch wirklich kauften. Die Marke stürzte ab und hat sich von diesem Wechsel und den Sprüngen in der Kommunikation nicht erholt.

Innerhalb von Lifestyle-Szenen wachsen und gedeihen Marken sehr schnell und können schnell zu Massenmarken werden – wie etwa das berühmte Beispiel des Energydrinks »Red Bull«. Die Szenen sind »Brutstätten« für originäre und kultige Marken. Diese bieten weitreichende Identifikationsflächen und Lebensbotschaften sowie Zusammengehörigkeitsrituale wie Szene-Partys, Teambuilding und Gemeinschaftserlebnisse an. Hier geht es eben nicht nur um ein Produkt, sondern um den Ausdruck von Lebenshaltung oder Lebensphilosophie. Hier helfen die Marken, sich eindeutig abzugrenzen und Communitys Gleichgesinnter zu bilden. Unter dem Stichwort »Kult-Marketing« inszenieren sich Marken wie Nike und adidas mit der Aura des Nicht-Alltäglichen. In der wissenschaftlichen Definition des Marketingexperten Meffert heißt es: Marke ist ein »in der Psyche des Konsumenten fest verankertes, unverwechselbares Vorstellungsbild von einem Produkt oder einer Dienstleistung«. Sagen wir doch einfach »gefühlte Realität« dazu. Denn die Marke mischt Tatsachen, zum Beispiel erlebbare, überprüfbare Produktqualität mit emotionalen Mehrwerten wie Prestige, Image usw. Der Mensch ist ein Gefühlswesen und kein Roboter – und deshalb finden (Kauf-)Entscheidungen, findet Wirtschaft und Gesellschaft nicht nur im Kopf, sondern auch im Bauch statt. Das zeigen sehr schön neutrale Geschmackstests, so genannte Blindtests, in den Labors der Marktforschung. Getestet werden verschiedene Markenprodukte in neutralen Verpackungen, wie etwa Bier. Allein auf den Geschmack bezogen lassen sich so die allerwenigsten Marken unterscheiden. Fehlen die Logos und Markenfarben, die in der Regel eine ganz bestimmte Assoziationskette, Gedanken, Bilder und Gefühle, produzieren, dann wird die Marke »blind« oder nackt. Der magische Rest, das ist die Kraft der Marke.

»In der Fabrik stellen wir Creme her, im Regal verkaufen wir Hoffnung.« Diese Aussage erklärt den Mechanismus einer Marke sehr gut: Ich habe zwar rational gesehen ein Produkt, ich spreche aber nicht darüber, sondern über Werte, Wertvorstellungen und Sehnsüchte. Stabile und erfolgreiche Marken sind genau über derartige Wertewelten positioniert. Zum Beispiel steht BMW nicht für Auto, sondern für »Freude am Fahren«. Dementsprechend lebt die Marke von der Inszenierung von Fahrfreude und Vergnügen. Und das genau ist der Job der Gestalter: Fahrfreude immer wieder neu und anders zu inszenieren. Eine Marke wie Nivea steht nicht für Creme, sondern für »Pflege«, genauer sogar »Pflege der Haut«. Die Medien selbst, etwa das Fernsehen, haben viele solcher Marken im Programm und etabliert: »Wetten, dass ..?«, »Derrick«, »Tatort«, »Harald Schmidt«, »Sabine Christiansen«. Hier tritt das Geheimnis der Markenbildung offen zu Tage: Es ist das Gesetz der Serie. Die Wiederkehr des Immergleichen, aber immer neu erzählt und – idealerweise – spannend und fesselnd inszeniert.

... alles wird Marke!

Auffällig in der Mediengesellschaft ist die Übertragung des Markenbegriffs auf sämtliche Lebensrealitäten: Alles wird und alles sind Marken. Programme, Fußballstars, Schauspieler, Prominente, Köche, Moderatoren, Kritiker, Schriftsteller, Regionen, Länder, Comicfiguren… Ebenso auch Fußballvereine wie etwa Bayern München oder Borussia Dortmund.

Markenbildung als Prozess ergreift alle Teile der Mediengesellschaft – nicht nur die Werbung. Längst ist die Individualisierung der Menschen selbst ein Markenbildungsprozess: »Werde du selbst!« heißt heute »Werde Marke!«. Am augenfälligsten wird das vorgelebt etwa in der Welt der Prominenten: Torhüter Oliver Kahn (»Kahnsinn«), Verona Feldbusch (»Blubb!«), Franz Beckenbauer (»Schaun mer mal…«) oder Boris Becker sind heute eigenständige Marken, die nicht mehr an eine spezifische Leistung, sondern als »Existenzmarken« nur an die reine Existenz einer Person gebunden sind. Ihre Leistung besteht darin, zum Begriff zu werden.

Eine dahinter stehende Medienmacht, wie etwa die Bild-Zeitung, sorgt für Unterstützung – oder auch nicht. Dann stürzt die »Marke« schnell ab und taucht unter in der Masse. (Wie das mit den Helden der ersten Big-Brother-Staffeln geschah.) Aber auch politische Konzepte und Reformpakete werden mit Markenmethoden am Markt platziert: »Agenda 2010« oder »Hartz IV« sind Markenbegriffe für politische Reformen geworden.

Lesetipps:
brand eins,
»So kalt das Hartz«
Schwerpunkt: Kommunikation
(06/2005)

Naomi Klein,
No Logo!
(München, 2005)

Wolfgang Schiller,
Risikomanagement für Marken
(Weinheim, 2005)

Markenmacht

Die Verbindung von Marke und Macht führt uns zum Thema »Markenmacht«. Die Macht der globalen Marken ist heute mit der von von Länderregierungen durchaus vergleichbar. Marken wie Coca-Cola oder DaimlerChrysler beeinflussen heute die Geschicke von Ländern und Regionen – weltweit. Angesichts dieser Markenmacht und der globalen Vernetzungen haben Marken und das Konzept »Marke« natürlich nicht nur Freunde und Anhänger. Mit dem Buch »No logo!« hat die Aktivistin Naomi Klein eine Bibel der Globalisierungsgegner und der Markenkritiker verfasst. Ihr Ansatz: Ausbeuterische, imperiale Produktionsmethoden der Markenhersteller in Fernost und die den gesamten öffentlichen Raum okkupierende Werbung seien Auswüchse der Markenpolitik.

Die ganzheitliche Markenführung

Egal ob Produktmarken, Unternehmensmarken oder Menschmarken: sie unterliegen allen den Gesetzen der Markenführung. Und das meint das Führen und Handeln eines lebendigen und sehr fragilen Systems. Unserem Ansatz der multisensorischen Kommunikation verpflichtet, haben wir ein Markenmodell entwickelt, das die verschiedenen Aspekte und Dimensionen der Markenführung in einem System zusammenführt. Der zentrale Gedanke: Aufs Ganze gehen! Es sind nicht nur die visuellen, gestalterischen Elemente, die eine Marke zur Marke machen. Es ist ein ganzer Kosmos von Elementen und spezifischen Stilmerkmalen, die die Figur »Marke« ergeben und lebendig machen:

Wie redet sie? (Text und Wording-Stil)

Wie klingt sie? (Sound und Klang)

Wie wohnt sie? (Architektur)

Wie benimmt sie sich bzw. benehmen sich ihre Vertreter?

Wie engagiert sie sich?

Wie nimmt sie zu bestimmten Themen Stellung?

Mit unserem Modell des multisensorischen Marken-Navigators kann die Lebensrealität einer Marke gut gefasst und ebenso gesteuert werden. Vor allem bewahrt es uns davor, nur eindimensional zu denken – also zum Beispiel nur am Marken-Design zu arbeiten. In technisch hochentwickelten Mediengesellschaften können und sollen Marken alles: riechen, schmecken, klingen, sprechen, sich bewegen, protestieren, fördern usw.

Das ist die Chance, sich auf vielen Wahrnehmungskanälen zu differenzieren und als unverwechselbar wahrgenommen zu werden. So erhöht sich das Aufmerksamkeitspotenzial, mit dem die Marke die Bühne der Präsentation im Supermarktregal und in der medialen Kommunikation betritt.

Aufs Ganze gehen heißt also im wahrsten Sinne des Wortes: alle Wahrnehmungschancen in sinnlicher Hinsicht zu ergreifen. Das ist nicht nur sinnvoll, sondern eröffnet dem Gestalter viele neue Wege in der Markengestaltung und Markenführung. Und genau das ist die Aufgabe und die Herausforderung, vor der wir stehen.

Webtipps:
www.markenmuseum.com
(Ein riesiger Fundus rund um Marken und Markengeschichte.)

Wie sensibel Markenführung ist, insbesondere was die behutsame Modernisierung einer Marke betrifft, zeigt das Beispiel der Marke »Kinderschokolade«.
Das vertraute Gesicht eines Jungen auf der Packung wurde von Ferrero jüngst gegen ein neues Gesicht ausgetauscht. Resultat: eine Welle des Protests und ein regelrechter Boykott! Das neue Gesicht (eines Jungen namens Kevin) soll wieder weg: Dazu wurde eigens eine Website eingerichtet

www.weg-mit-kevin.de

Multisensorisches Markenmodell

Corporate Concept

definiert das zentrale
Leistungsversprechen der
Marke: Kompetenz, Leistungen
und Konzept der Marke

Corporate Behaviour

beschreibt alle relevanten
Verhaltensregeln: Servicequalitäten,
Personalpolitik, Umgangsformen
nach innen und außen

Corporate Governance

beschreibt die Verhaltensregeln
gegenüber Geschäftspartnern
und Aktionären: wichtig und
gesetzlich bindend für AGs

Corporate Design

beschreibt alle visuellen Markenelemente: Logo, Schrift, Farbwelt, Bildwelt

Corporate Architecture

beschreibt die baulich-stoffliche Welt der Marke: Gebäudeformen, Materialien, Messestände, Display-Formen, Stoffe, Möbel usw.

Corporate Sound

beschreibt alle klanglichen Elemente und Äußerungen der Marke: Jingles, Telefonschleifen, Musik im Wartesaal, Musik auf der Website usw.

Corporate Text

umschreibt alle textlichen Elemente der Marke: Namen, Slogans, Fachbegriffe, Anredeformen, Textstilistik usw.

In der Markengalerie zeigen wir einige erfolgreiche Marken. Überlegen Sie einmal, von wie vielen Marken Sie tagtäglich umgeben sind und wie viele von diesen Ihnen persönlich sympathisch sind.

Wie steht's um Ihr Markenbewusstsein?

MADE BY Tegel Prison
ORDER NO. TE/JA/48

JACKET
89.50 €

HAEFTLING ®
JAILWEAR SINCE 1806

Nimm zwei, maximal drei!

Wenn man sich die jeweiligen Produktkategorien anschaut, fällt auf, dass sich in der Regel zwei große Marken einen Markt aufteilen – für einen dritten oder vierten Anbieter ist kaum noch genügend Raum. Coca-Cola und Pepsi teilen sich den Softdrink in einem ewigen Duell auf. Wer ist der Dritte? Afri-Cola? Microsoft und Apple sind die Computer-Giganten, ein dritter – konstant nicht in Sicht. Es scheint, als würde das Prinzip der Dualität auch in der Markenwelt gelten: Prada und Gucci, Aldi und Lidl, T-Com und Vodafone, Sony und Panasonic, adidas und Puma. Im Premiumbereich der Automobile hat sich hingegen ein Trio gebildet: Mercedes, BMW und Audi. Und dann kommt aber lange nichts mehr.

Vertrauen ist der Anfang

»Vertrauen ist der Anfang von allem«, lautete einst ein Bank-Slogan. Richtig, insbesondere was Marken betrifft. Marken sind geballtes Vertrauen – bis hin zum blinden Vertrauen. Wenn auf der Jeans oder dem Fernseher oder dem Energydrink das richtige Logo drauf ist, dann kann ich blind vertrauen und kaufen. Das Markenlogo ist ein Qualitäts- und Leistungsversprechen. Wenn auf einem Handy der Name Nokia steht, dann handelt es sich hier um ein Gerät allererster Güte. Unbesehen, ohne Testbericht oder Kaufempfehlung eines Insider-Magazins – das ist die Botschaft des Logos. Und wenn in der Programmzeitschrift Thomas Gottschalk als Moderator angekündigt wird, dann schalten Millionen den Fernseher ein: Der Name bürgt für gute Unterhaltung. Generationsübergreifend.

Wie weit das Vertrauen geht, zeigt das Beispiel der Marke Aldi. Ja, richtig gelesen: Aldi ist eine Marke. Und eine starke obendrein. Wie sonst ist es zu erklären, dass Tausende Kunden bei Aldi Non-Food-Artikel wie zum Beispiel Computer, Drucker oder Kameras einkaufen – ohne den Hersteller näher zu kennen. Die Marke Aldi bürgt hier für gute Qualität zum guten Preis. Hier ist schier grenzenloses Vertrauen da: »Nur so ist begreifbar, dass Kunden heute bereit sind, bei Aldi für 1.000 Euro einen Computer ›ohne Namen‹ zu kaufen. Ohne Beratung, ohne Empfehlung. Nur hohes Vertrauen macht das möglich, auf diese Weise in drei Tagen 200 Millionen Euro umzusetzen.« Das schreibt Dieter Brandes, ein Ex-Aldi-Geschäftsführer in seinem Insider-Buch »Die 11 Geheimnisse des Aldi-Erfolgs«. Eines der Geheimnisse ist eben das Vertrauen, das der Discounter bei seinen Kunden über Jahrzehnte aufgebaut hat. Übrigens, nicht mit klassischer Kommunikation und Imagekampagnen, sondern mit klaren Angeboten unter der schlichten Headline »Aldi informiert«.

Hieraus ist noch eine wichtige Erkenntnis abzuleiten: Markenbildung hat nur bedingt etwas mit Kommunikation und Werbung zu tun! Im Fokus steht das Vertrauensverhältnis zwischen Markenversprechen und Kunde. Diesem Vertrauensverhältnis widmet die Zeitschrift Reader's Digest eine alljährlich vielbeachtete Erhebung: Reader's Digest »European Trusted Brands«. Hier werden in einer großen, europaweiten Verbraucherstudie die Einstellungen zu Marken untersucht. Diejenigen Marken, die das meiste Vertrauen der Verbraucher genießen, erhalten sozusagen als Gütesiegel die Auszeichnung »Trusted Brand«. So führt 2006 in der Kategorie Automobile wie in den Jahren zuvor die Marke »Volkswagen« die Gewinnerliste an. Bei Haushaltsgeräten sind Miele und

Siemens vorne, im Bereich Handys die Marke Nokia und bei der Hautpflege ist der Klassiker Nivea unbestritten die Nummer eins.

Von lila Kühen und grünen Segeln

Wer sich die großen Marken genauer anschaut, wird schnell eines feststellen: zentral für die Markengestaltung sind Sympathiefiguren und durchgängige Symbole (siehe Liste rechts).

Diese Symbole und Verkörperungen der Marken haben mehr oder weniger enge Beziehungen zur Markenleistung: Milch von der Alm hat wenig mit Bären zu tun, Tiger halten sich nicht in Benzintanks auf – aber die Figuren verkörpern sinnbildlich die Werte der Marke: Stärke, Sympathie, Humor usw.

Die Werbefiguren »übersetzen« die Botschaften ins Bild und ins Bildhafte. Und wer nun glaubt, dass der Konsument im 21. Jahrhundert hierbei längst silberchromfarbene Hochglanz- und Hightech-Welten sucht anstatt plüschige Tierchen, dem sei dringend ein Blick in aktuelle Marktstudien empfohlen: Da liegt der Bär von Bärenmarke in der Gunst der Verbraucher klar vorne! Ein Indiz dafür, dass Marken sehr alte, bereits in der Kindheit abgelegte Wunschbilder und Sehnsüchte vitalisieren und befriedigen. So kommt es, dass alte Brands wie Ahoj-Brause, Brandt-

Zwieback, aber auch adidas und Puma mehr als ein Leben haben – und jede Generation sie aufs Neue entdeckt und neue Lebensenergie in die Marke bringt.

Marken als Kult und Kultur

Auffällig in der Mediengesellschaft ist der Kultstatus von ausgewählten Marken. Bereits Kinder, aber vor allem Jugendliche erliegen der Anziehungskraft von Marken. Prestige. Image, Status und Zugehörigkeit – alles das wird via Marken transportiert.

Der Kommunikationswissenschaftler Norbert Bolz hat in grundlegenden Arbeiten den Kultcharakter von Marken untersucht und ihre quasi »religiösen« Inhalte und Funktionen untersucht. Einig sind sich Wissenschaftler darin, dass mit dem Ende der großen Welterklärungssysteme in Religion, Philosophie und Gesellschaft die Marken starke Orientierungs- und Sinngebungsfunktionen übernommen haben. Marken, die nahezu alle Lebensbereiche umspannen – wie das Markenimperium Virgin –, bieten in jeder Lebenslage und zu jedem Konsumbedürfnis das Passende an: von der neuesten Musik über die Flug-Reise bis hin zu Kleidung und vielfältigen Dienstleistungen. Ähnlich verhält es sich mit dem Markenangebot von Quelle. »Jede Woche eine neue Welt« heißt das Versprechen, und wer in diese Welt eintaucht, wird umfas-

Hier eine – natürlich unvollständige – Liste der bekanntesten Markenfiguren:

- Lila Kuh (Milka)
- Bär auf der Alm (Bärenmarke)
- Lurchi (Salamander-Schuhe)
- Elch (Startphase von Ikea)
- Johnnie Walker (Whiskey)
- Weißer Riese (Waschmittel)
- Tiger im Tank (Esso)
- Terrier Nipper (»His Masters Voice«)
- Bruno (das HB-Männchen)
- Strichmännchen (Red Bull)
- Schäfchen (Sanso)
- Ralph und Rudi (Jägermeister)
- Schiff mit grünen Segeln (Becks)
- Bibendum (Michelin)

send versorgt. Mit Kaffee, mit Accessoires, mit Reisen, mit Kosmetik, mit Kleidung.

Hier wird der Konsum zum Kulturangebot. Mit Quelle (früher einmal auch mit Neckermann) haben ganze Generationen die Welt bereist und den modernen mobilen Lebensstil entdeckt. Und zwar schichtenübergreifend im Sinne des »demokratischen Konsums«: der massenhafte Zugang zur Warenwelt der Moderne.

Leben Sie. Wir kümmern uns um die Details.

Konsequenterweise haben sich Marken so zu Lifestyle-Marken fortentwickelt. Eine Marke wie Ikea kommuniziert ihre lebensumspannende Kompetenz, wie es der berühmte Slogan der (alten) Hypovereinsbank »Leben Sie. Wir kümmern uns um die Details« einst tat. Als Mitglied der »Ikea family« werde ich Teil eines ganzheitlichen Lebenskonzeptes Wohnungseinrichtung, Finanzierungsangebot und Erholung und Urlaub inklusive. Der aktuelle Slogan »Wohnst du noch oder lebst du schon?« zeigt die Kompetenz als »Lebensmarke« deutlich auf.

All inclusive!

Auch wenn nicht alle Lebensbereiche in den Fokus einer Marke geraten, den Trend zur Markenerweiterung spüren viele Marken. Warum nicht zum Automobil gleich noch eine passende Finanzierung und eine Versicherung anbieten! Und ausgewählte Hotel- und Freizeitangebote! Werfen Sie einen Blick in die Magazine der Marken Porsche, BMW und Mercedes, und es eröffnet sich eine ganze Welt – passend zum Style und Flair der Marke. Der Trend, immer mehr unter einem Dach anzubieten, hat allerdings auch Grenzen: Viele Marken haben sich »überdehnt« und leiden unter der Angebotsvielfalt insofern, als das Vertrauen der Kunden mehr und schwindet. So sind die unzähligen Sorten unter dem Dach der lila Kuh unübersichtlich und sehr unstet: sie kommen und gehen.

So lässt sich eine Renaissance der »alten« Markenkerne und -kompetenzen beobachten, ein Konzern wie DaimlerChrysler besinnt sich auf seine Automobilkompetenz – vor nicht allzu langer Zeit gehörten hier noch unzählige Marken und Dienstleistungen dazu. »Back to the roots« heißt momentan der Leitsatz, und viele Gesellschaften trennen sich wieder von ihren – meist unrentablen – Markenerweiterungen.

Small is beautiful. Jedenfalls hat eine Marke, die sich von jeher auf nur eines konzentriert hat, nämlich den Bau von alltagstauglichen Sportwagen, heute mehr Kraft denn je: Porsche ist das rentabelste Autounternehmen der ganzen Welt.

Kein Platz mehr?

In der Fachliteratur ist regelmäßig die Klage von der Markenflut zu hören. Zu viele Marken buhlen um die Aufmerksamkeit des Publikums. Für wahre Markenbildung sei gar kein Platz mehr. Richtig ist, dass es nicht einfacher wurde, sich als Marke in seinem Markt zu etablieren. Richtig ist aber auch, dass es heute Weltmarken gibt, die noch sehr, sehr jung sind: Microsoft, SAP, eBay und Google. Eine Marke wie Nokia hat einen aus heutiger Sicht kuriosen Ursprung (Papier- und Gummihersteller), bezieht ihre aktuelle Weltbedeutung aus der Telekommunikationskompetenz: Connecting people. Auch auf den Energiemärkten sind neue Marken entstanden: Eon, Yello Strom, Vattenfall. Durch Fusionen und Marktverschiebungen – etwa im Bereich der Pharmazie und Chemie – sind ebenso neue Unternehmen und Unternehmensidentitäten hervorgegangen.

Durch neue Technologien entstehen neue Produkte und Dienstleistungen – und also auch neue Marken. Sprich: Marken erwachsen aus Innovationen. Nur dann haben sie eine Existenzberechtigung und Wachstumschancen. Das heißt also, vor der Klage über Platzmangel am Markt erst einmal selbstkritisch hinterfragen: »Was ist mein unverwechselbares Angebot am Markt – wozu braucht man mich?« Und so sind wir mittendrin in der Markenbildung: Eine gute Marke hat eine klare Daseinsberechtigung, oft eine innovative Idee oder ein innovatives Produktangebot. Die zahlreichen Me-too-Angebote und Copy-Marken sind meist kurzlebige Marken, sie kommen und gehen. Und wenn sie gehen – so recht vermisst werden sie von niemandem.

Megatrend BrandSense

Ob Trendtag 2006 in Hamburg oder Kongresse der Markenagentur Meta-Design – der kommende Markentrend ist die Versinnlichung der Marken. Multisensuelle Verpackungen, duftende und schmeckende Packagings, sind ebenso in Arbeit wie klingende und geräuschvolle Marken. Das Markenerlebnis soll praller und vielfältiger werden, indem alle Sinne des Konsumenten angesprochen werden. Der ganzheitliche Auftritt der Marke – jetzt wird er technisch und kreativ möglich, jetzt wird er Wirklichkeit. Das ist eine einmalige Chance für Gestalter. Jüngst hat die »Süddeutsche Zeitung« im Bereich der Tageszeitung die erste Anzeige produziert, die duftet. Neue Perspektiven für die multisensorische Kommunikation eröffnen sich. Das heißt: An die Arbeit und mit Kopf, Bauch, Herz und »Gespür« die Markenwelten erweitern und sinnlich prägen.

Das Buch ist fast zu Ende. Zum Schluss die Checkliste für konzeptionelles Gestalten von Medien.

10

Gekauft

Geschmack ist gut, Checkliste ist besser

Wie endet ein Buch über Mediengestaltung und Aufmerksamkeit? Mit einem kurzen »Danke für die Aufmerksamkeit, wir würden uns freuen, Sie bald wiederzusehen!«

Fassen wir erst einmal zusammen:
Wir sind in neun Kapiteln durch unsere Medienzeit gesurft. Haben verschiedene Gestaltungselemente wie Zeichen, Text, Farbe, Klänge usw. beleuchtet. Dabei ist uns ein Prinzip ein ständiger Begleiter gewesen: das Konzept. Das Gesetz der Serie.
Egal, welchen Medienkanal wir betrachten, ganz gleich, welche Aufgabenstellung anliegt: Alles, was Hand und Fuß haben soll, hat ein Konzept. Ob Website, TV-Serie oder Anzeigenkampagne – das Konzept ist das Salz in der Suppe.

Dabei haben wir gezeigt, dass sich heute vor allem dann Chancen im Kommunikationsnebel ergeben, wenn wirklich crossmedial gedacht und gearbeitet wird. Wir haben dazu den Begriff der multisensorischen Kommunikation eingeführt.
Hier wird in Zukunft – das ist unsere Trend-These – die Musik spielen. Düfte, Geräusche, haptische Erlebnisse: es gibt noch viel Ideen-Raum für aufmerksamkeitsstarke Kommunikation.

Fazit
Der Alleskönner, der heute in der Medienwirtschaft gefragt ist, ist keine Utopie oder gar ein Phantom. Der Alleskönner wird dann Erfolg haben, wenn mit Konzept gearbeitet und gestaltet wird: ganzheitlich, medienübergreifend – mit und für alle Sinne.

Danke

für Ihre Aufmerksamkeit!

Die Zugabe

Es ist wie im richtigen Leben: Das Beste kommt zum Schluss! Hier ist unsere Zugabe für echte Alleskönner, die Konzeptcheckliste. Mit ihr lassen sich Konzept- und Kreativarbeit professionell bewerten und überprüfen.

Ziel ist es, so weit wie möglich von geschmacklichen Urteilen wegzukommen und sich hin zu professionellen, objektiven Kriterien und Lösungsstrategien zu bewegen.

Drum prüfen Sie Ihre Idee – fünf Punkte für gute Konzeptideen, die aufs Ganze gehen:

einfach

Können Sie Ihre Konzeptidee auch normalen Menschen – Mama, Papa, Oma, Opa, Onkel – erklären?

ganzheitlich

Funktioniert Ihre Konzeptidee auch in anderen, idealerweise in vielen Medienkanälen?

nachhaltig

Ist Ihr Konzept keine Eintagsfliege,
sondern ein Dauerläufer?
Wie sieht das überübernächste
Motiv aus, die 10. Folge und
der 5. Spot in der Serie?

sinnlich

Ist Ihre Konzeptidee auch zum
Schmecken, Riechen, Hören
und Fühlen gut geeignet?

frisch

Ist Ihre Konzeptidee originell und
überraschend – macht sie munter, produziert
sie Schmunzler in den Mundwinkeln?

Index

Bildindex

Literatur

Aebi, Jean Etienne
Einfall oder Abfall –
Was Werbung warum
erfolgreicher macht
Mainz, 2003

Arnheim, Rudolf
Die Macht der Mitte
Köln, 1994
Ein Plädoyer für anschau-
liches Denken
Neue Beiträge
Köln, 1991
Kunst und Sehen.
Eine Psychologie des
schöpferischen Auges
Berlin, 1978
Anschauliches Denken.
Zur Einheit von Bild und
Begriff
Köln, 1977

Baacke, Dieter
Röll, Franz Josef
Weltbilder – Wahrneh-
mung – Wirklichkeit,
Bildung als ästhetischer
Lernprozess
Opladen, 1995

Baines, Phil
Lust auf Schrift
Mainz, 2002

Biedermann, Hans
Knaurs Lexikon der Symbole
Augsburg, 2002

Binnig, Gerd
Aus dem Nichts.
Über die Kreativität
von Natur und Mensch
München, 1989

Böhringer, Joachim
Kompendium der
Mediengestaltung
Berlin, 2000

brand eins
»So kalt das Hartz«
Schwerpunkt:
Kommunikation (06 / 2005)

Brandt, Reinhard
Die Wirklichkeit des Bildes.
Sehen und Erkennen
München, 1999

Braun, Gerhard
Grundlagen der visuellen
Kommunikation
München, 1993

Cheng, Karen
Designing Type
Anatomie der Buchstaben
Basiswissen für Schrift-
gestalter
Mainz, 2006

von Criegern, Axel
Vom Text zum Bild,
Wege ästhetischer Bildung
Weinheim, 1996

von den Driesch
Der Nutzen des Digitalen
Saulheim, 1997

Edwards, Betty
Garantiert zeichnen lernen.
Das Geheimnis der
rechten Hirnhemisphäre
Reinbek, 1982

Ehmer, Hermann K.
Visuelle Kommunikation:
Beiträge zur Kritik der
Bewußtseinsindustrie
Köln, 1971

Faulstich, Werner
Einführung in die Medien-
wissenschaft
Paderborn, 2004

Fischer, Volker
Theorien der Gestaltung
Frankfurt am Main, 1999

Forssman, Friedrich; de Jong, Ralf
Detailtypografie
Nachschlagewerk für alle
Fragen zu Schrift und Satz
Mainz, 2006

Förster, Hans-Peter
Corporate Wording. Kon-
zepte für eine unterneh-
merische Schreibkultur
Frankfurt / New York, 1994

Fraser, Tom; Banks, Adam
Farbe im Design
Köln, 2005

Frey, Siegfried
Die Macht des Bildes.
Der Einfluss der non-
verbalen Kommunikation
auf Kultur und Politik
Bern, 1999

Gates, Bill
Digitales Business
München, 1999

Geffken, Michael
Anzeigen perfekt gestalten
Landsberg/Lech, 2001

Gekeler, Hans
Handbuch der Farbe
Köln, 2000

Goldberg, Philip
Der zündende Funke –
Die Kraft der Intuition
Düsseldorf und Wien,
1993

Götz, Veruschka
Schrift & Farbe
am Bildschirm
Mainz, 1998

GWP - Bern
Satztechnik und Typografie
Band 1–6
Bern, 2006

Hofmann, Armin
Methodik Form und
Bildgestaltung
Basel, 1965

Itten, Johannes
Bildanalysen
Ravensburg, 1988

Janich, Nina
Werbesprache
Tübingen, 2003

**Johansson, Kaj; Lundberg, Peter;
Ryberg, Robert**
Well done, bitte!
Mainz, 2004

Jung, Holger; von Matt, Jean-Remy
Momentum. Die Kraft, die
Werbung heute braucht
Hamburg, 2002

Kandinsky, Wassily
Punkt und Linie zu Fläche
Bern, 1955

Katz, Stephen D.
Die richtige Einstellung
Frankfurt a. M., 2002

**Kirschenmann, Johannes
Schulz, Frank**
Bilder erleben und
verstehen. Einführung
in die Kunstrezeption
Leipzig, 1999

Klein, Naomi
No Logo!
Gütersloh, 2001
Krisztian, Gregor
Ideen visualisieren
Scribble – Layout –
Storyboard
Mainz, 2004
Kroeber-Riel, Werner
Bildkommunikation
München, 1996
Küppers, Harald
Harmonielehre der Farben
Köln, 1989
Legler, Wolfgang
Denken und Machen – ein
offenes Problem
K+U Sonderheft, 1979
Mante, Harald
Bildgestaltung in der
Fotografie
München, 1980
Motive kreativ nutzen
Dortmund, 1996
Maset, Pierangelo
Ästhetische Bildung der
Differenz. Kunst und
Pädagogik im technischen
Zeitalter
Stuttgart, 1995
Maxbauer, Andreas und Regina
Praxishandbuch Gestaltungs-
raster
Mainz, 2003
Ogilvy, David
Ogilvy über Werbung
Frankfurt/Wien, 1984
Paulmann, Robert
double loop
Basiswissen Corporate
Identity
Mainz, 2005
Pörksen, Uwe
Weltmarkt der Bilder

Pricken, Mario
Kribbeln im Kopf.
Kreativitätstechniken &
Brain-Tools für
Werbung & Design
Mainz, 2004
Regel, Günther
Medium bildende Kunst.
Bildnerischer Prozess und
Sprache der Formen und
Farben
Berlin, 1986
Reins, Armin
Die Mörderfackel
Mainz, 2002
Corporate Language
Mainz, 2006
Rösner, Hans; Kroh, Isabelle
Visuelles Gestalten
Frankfurt a. M., 1996
Rüegg, Ruedi
Typografische Grundlagen,
Handbuch für Technik und
Gestaltung
Zürich, 1972
Schiller, Wolfgang
Risikomanagement für
Marken
Weinheim, 2005
Schuster, Martin
Das ästhetische Motiv
Frankfurt a. M., 1985
Seiler-Hugova
Farben sehen, erleben,
verstehen
Aarau, 2002
Selle, Gert
Gebrauch der Sinne. Eine
kunstpädagogische Praxis
Reinbek, 1988
Seyler, Axel
Wahrnehmen und
Falschnehmen
Frankfurt a. M., 2004

Stoklossa, Uwe
Blicktricks
Mainz, 2005
Spiekermann, Erik
Ursache und Wirkung
Mainz, 1994
ÜberSchrift
Mainz, 2004
Stankowski, Anton
Visuelle Kommunikation
Berlin, 1989
Turtschi, Ralf
Mediendesign
Zürich, 1998
Uebele, Andreas
Orientierungssysteme
und Signaletik
Führen – Finden – Fliehen
Mainz, 2006
Urban, Dieter
Die Kampagne, Werbepraxis
in 11 Konzeptionsstufen
Stuttgart, 1997
Voss, Josef
Entwicklung von graphischen
Benutzungsschnittstellen
München, 1998
Wagner, Friedrich C.
Grundlagen der Gestaltung,
plastische und räumliche
Darstellungsmittel
Stuttgart, 1981
Weber, Klaus
Punkt, Linie, Fläche
Druckgraphik am Bauhaus
Berlin, 2000
Weidemann, Kurt
Wo der Buchstabe
das Wort führt
Ostfildern, 1997
Weinman, Lynda
WebDesign:
Tips & Tricks für die
Gestaltung professioneller
Web-Pages
Zürich, 1999

Weisberg, Robert W.
Kreativität und Begabung.
Was wir mit Mozart, Ein-
stein und Picasso gemein-
sam haben
Heidelberg, 1989
Welsch, Wolfgang
Ästhetisches Denken
Stuttgart, 1990
Grenzgänge der Ästhetik
Stuttgart, 1996
Wiedeking, Wendelin
Das Davidprinzip
Frankfurt, 2002
Willberg, Hans Peter; Forssman,
Friedrich
Lesetypografie
Mainz, 2006
Erste Hilfe in Typografie
Ratgeber für Gestaltung
mit Schrift
Mainz, 2006
Winter, Jörn (Hrsg.)
Handbuch Werbetext
Frankfurt a. M., 2004
Wirth, Thomas
Missing Links
München, 2002
Zacharias, Wolfgang (Hrsg.)
Schöne Aussichten?
Ästhetische Bildung in
einer technisch-medialen
Welt
Essen, 1991
Zimmer-Ploetz, Helga
Professionelles Texten
(Reihe: New Business
Line. Manager-Magazin
Edition)
Wien, 1995
Zuffo, Dario
Grundlagen der visuellen
Gestaltung
Zürich, 1990

Impressum

© 2007
Verlag Hermann Schmidt Mainz

Erste Auflage

Idee, Konzeption, Gestaltung, Text
Christian Fries, Rainer Witt
Umschlaggestaltung
Maria Bauch

Gesetzt aus Amasis MT und Tasse

Redaktionelle Mitarbeit
Sasha Ackermann, Michael Dubeck, Frank Ewald,
Alexander Komm, Dore Wilken, David Zimmermann

Wir danken den Unternehmen für die freundliche
Unterstützung mit Bildmaterial.

Verlag Hermann Schmidt Mainz
Robert-Koch-Straße 8
55129 Mainz
Tel. 0 61 31 / 50 60 30
Fax 0 61 31 / 50 60 80
info @ typografie.de
www.typografie.de

ISBN 978-3-87439-688-2
Printed in Singapore